海洋水动力工程研究论丛

U0649771

Wave conditions in large scale wave flume
and simulation technology
of soft soil foundation

大比尺波浪水槽中波浪条件
及软土地基模拟技术

刘　针　姜云鹏　孟祥玮　夏　波　宋俊强　著

人民交通出版社股份有限公司
China Communications Press　Co.,Ltd.

内 容 提 要

本书在广泛调研和吸收已有先进技术的基础上,实现了大比尺波浪水槽造波机的规则波造波及测试技术。以长江口深水航道治理工程二期整治建筑物为背景,研究超软地基土制作技术及应用,进行了基于触变性、固化作用及低位真空预压试验,并从微观角度解释了触变土和固化土强度增长的规律,为在大比尺波浪水槽中进行波浪—建筑物—地基相互作用试验提供了技术支持。

本书适合从事波浪与防护建筑物相互作用工程研究的科研人员和港口、海岸及近岸工程专业高校学生学习参考。

图书在版编目(CIP)数据

大比尺波浪水槽中波浪条件及软土地基模拟技术/
刘针等著. —北京:人民交通出版社股份有限公司,
2019. 11

ISBN 978-7-114-15505-5

Ⅰ.①大⋯ Ⅱ.①刘⋯ Ⅲ.①航道整治—研究 Ⅳ.
①U617

中国版本图书馆 CIP 数据核字(2019)第 082086 号

海洋水动力工程研究论丛
Dabichi Bolang Shuicao Zhong Bolang Tiaojian ji Ruantu Diji Moni Jishu
书　　名:**大比尺波浪水槽中波浪条件及软土地基模拟技术**
著 作 者:刘　针　姜云鹏　孟祥玮　夏　波　宋俊强
责任编辑:崔　建　陈　鹏
责任校对:张　贺
责任印制:张　凯
出版发行:人民交通出版社股份有限公司
地　　址:(100011)北京市朝阳区安定门外外馆斜街 3 号
网　　址:http://www.ccpress.com.cn
销售电话:(010)59757973
总 经 销:人民交通出版社股份有限公司发行部
经　　销:各地新华书店
印　　刷:北京虎彩文化传播有限公司
开　　本:720×960　1/16
印　　张:7.25
字　　数:122 千
版　　次:2019 年 11 月　第 1 版
印　　次:2019 年 11 月　第 1 次印刷
书　　号:ISBN 978-7-114-15505-5
定　　价:39.00 元
(有印刷、装订质量问题的图书由本公司负责调换)

编　委　会

前　言

我国正实施"海洋强国"战略,而从事海洋活动的主要载体是大型船舶。港口则是船舶运输的起点和终点,是从事海洋活动的生命线。随着我国水运交通、海洋工程和国防事业的发展,沿海港口在功能上正向大型化、深水化、专业化方向发展,建设地点也由近岸向复杂地质和水文条件的离岸、岛礁区域发展,不但面临风大、浪高和流急的环境动力作用,而且建筑物地基软弱。受天体活动周期和人类活动等因素影响,目前恶劣天气(如台风、寒潮等)频发,港口水工建筑物安全性问题十分突出。我国经济发达的渤海湾、长江三角洲和珠江三角洲沿海,广泛分布软黏土地基,给港口水工建筑物的结构安全带来很大的潜在威胁。

建立在软弱地基之上的防波堤安全则是水运科技工作者关心的前沿课题。波浪—建筑物—地基相互作用研究是我国水运工程科学研究领域的重要方向。在恶劣条件波浪荷载作用下,建筑物荷载可能超过设计标准,地基因此可能被破坏。但是波浪和地基、结构物之间的相互作用问题是一个十分复杂的问题,需要综合多个学科的知识才能解决。许多学者在各领域都展开了相应的研究,并取得了一些成果,但还不是很完善。在恶劣波浪和结构物地基相互作用研究方面,由于软黏土地基土在波浪动力作用下可能发生强度降低,从而危及港工结构物的稳定,在国际上引起人们的重视,并已开展大量理论和试验研究。但是由于这一问题涉及波浪—结构—地基的相互作用,目前国外研究主要处于基础性研究阶段,未见相应的定量分析设计方法和工程实践成果。

本书在广泛调研和吸收已有先进技术的基础上,实现了大比尺波浪水槽造波机的规则波造波及测试技术,并进行了大量的测试工作。实现了规则波吸收式造波技术,能够在大比尺波浪水槽中进行长时间的波浪试验,造波稳定性满足地基试验长时间造波的需求。以长江口深水航道治理工程二期整治建筑物为背景,研究超软地基土制作技术及应用,进行了基于触变性、固化作用及低位真空预压试验,并从微观角度解释了触变土和固化土强度增长的规律,为波浪—建筑物—地基相互作用试验提供了技术支持。

本书由交通运输部天津水运工程科学研究院、长沙理工大学、中交天津航道局有限公司和中交天航港湾建设工程有限公司的工程技术人员共同撰写完成。其中,第 4 章、第 5 章和第 8 章由刘针执笔,第 7 章由姜云鹏执笔,第 3 章由孟祥玮执笔,第 1 章、第 2 章由夏波执笔,第 6 章由宋俊强执笔。

本书的出版得到了领导和同事的帮助和支持,在此表示衷心感谢!限于作者的学识及写作水平,错误和疏漏之处在所难免,请读者不吝赐教。

作　者

2019 年 3 月 15 日于天津

目　　录

1　绪论 ……………………………………………………………… 1

  1.1　大比尺波浪水槽波浪模拟技术 …………………………… 1

  1.2　大比尺波浪水槽软黏土地基的模拟技术 ………………… 11

2　港口防波堤结构破坏案例分析及规律总结 ………………… 17

  2.1　防波堤破坏部分工程实例及破坏机理研究综述 ……… 17

  2.2　循环荷载作用下软黏土地基强度弱化研究现状 ……… 21

  2.3　本章小结 ………………………………………………… 24

3　大比尺波浪水槽造波技术 …………………………………… 25

  3.1　传统造波技术 …………………………………………… 25

  3.2　吸收式造波原理 ………………………………………… 26

  3.3　造波机系统组成与工作原理 …………………………… 29

  3.4　造波能力计算、功率需求和总力论证 ………………… 31

  3.5　造波能力测试 …………………………………………… 37

  3.6　本章小结 ………………………………………………… 45

4　基于触变性超软土制备及力学特性分析 …………………… 46

  4.1　引言 ……………………………………………………… 46

  4.2　地基土强度计算 ………………………………………… 47

  4.3　软土触变强度恢复分析 ………………………………… 50

  4.4　堆载对软土强度恢复的影响 …………………………… 51

  4.5　超软土触变过程微观机理分析 ………………………… 53

  4.6　本章小结 ………………………………………………… 56

5　基于固化作用超软土制备及力学特性分析 ………………… 57

  5.1　引言 ……………………………………………………… 57

  5.2　掺入少量水泥的高含水率黏土强度研究 ……………… 58

  5.3　少量水泥对泥浆强度形成的影响 ……………………… 60

  5.4　土体固化过程中的微观机理分析 ……………………… 64

  5.5　本章小结 ………………………………………………… 66

6 基于低位真空预压超软土制备及力学特性分析 ································ 67

  6.1 引言 ································ 67

  6.2 沉降计算 ································ 68

  6.3 普通排水板低位真空预压联合堆载法 ································ 68

  6.4 改进排水板低位真空预压联合堆载法 ································ 75

  6.5 横向排水板低位真空预压联合堆载法 ································ 79

  6.6 低位真空预压联合堆载法数值模拟 ································ 82

  6.7 本章小结 ································ 87

7 触变性在大比尺水槽超软地基土制作中的应用 ································ 88

  7.1 试验方案选择 ································ 88

  7.2 小模型槽试验 ································ 88

  7.3 大比尺水槽超软地基土制作 ································ 91

  7.4 本章小结 ································ 98

8 结论与展望 ································ 99

  8.1 结论 ································ 99

  8.2 展望 ································ 100

参考文献 ································ 101

1 绪　　论

1.1　大比尺波浪水槽波浪模拟技术

世界上已经建成的大比尺波浪水槽主要有日本港湾空港技术研究所大规模波动地基水槽(LHGF)、德国汉诺威大学水槽(GWK)、荷兰代尔福特研究所水槽、中国交通运输部天津水运工程科学研究院(以下简称"天科院")大比尺波浪水槽和中国台湾成功大学水槽等,其主要尺度可见表1-1。

世界著名的大比尺波浪水槽尺度一览表 表1-1

水 槽 名 称	长度(m)	最大深度(m)	宽度(m)	造波能力(m)
德国汉诺威大学水槽	330	7.0	5.0	2.5
中国台湾成功大学水槽	300	5.0	5.0	1.5
荷兰代尔福特研究所水槽	233	7.0	5.0	2.5
日本港湾空港技术研究所水槽	185	11.0	3.5	3.5
日本东京电力研究所水槽	180	6.0	3.4	2.0
美国俄勒冈州立大学水槽	104	4.6	3.7	1.3
俄罗斯彼得堡水力研究所水槽	110	7.5	4.0	2.0
西班牙加泰罗尼亚理工大学水槽	100	5.0	3.0	1.6
中国天科院大比尺波浪水槽	450	12.0	5.0	3.5

从规模上看,天科院的大比尺波浪水槽的尺度和造波能力综合排名在前列,长度450m,宽度5.0m,最大深度12.0m,造波能力3.5m。

1.1.1　日本港湾空港技术研究所大规模波动地基水槽(LHGF)

日本港湾空港技术研究所大规模波动地基水槽(LHGF)于1995年开始建设,并于2000年3月建成。在水槽建设之初,计划研究内容主要有:①波浪作用下砂土地基的液化问题;②利用液化方法进行消波的研究;③波浪作用下人工岛的侵蚀与保护;④护面块体的破坏及块体与沉箱的作用;⑤波浪作用下结构物的变形与破坏研究;⑥海岸潮汐带的稳定性研究;⑦人工海滩的稳定性研究;⑧亲水性护岸的稳定性研究;⑨极端波浪对人的损伤;⑩破碎波浪的发生与传播;⑪新型防波堤的开发、水动力作用下海草的发生与附着等。

LHGF 最初的研究方向主要为砂土地基的液化、岸滩稳定、结构破坏以及新结构开发等。但是 LHGF 从建成至今,随着海岸和海洋研究领域不断出现新的问题,其研究方向和研究内容也在不断丰富。表 1-2 列出了 LHGF 完成和正在进行的部分科研项目。可以发现,在 2004 年印尼海啸之后,海啸及其对海岸和港口结构物的破坏成为研究的热点之一,这一研究方向在日本 2011 年 3·11 大地震之后得到进一步加强。

LHGF 完成和正在进行的部分科研项目　　　　表 1-2

项目编号	年份(年)	项 目 名 称
0	2000	LHGF 建设完成
1	2000	利用砂土液化吸收波浪的新装置开发[2]
2	2001	防波堤地基失稳破坏研究[3]
3	2001	直立式防波堤前消波块体的实效机理研究[4]
4	2001	预应力混凝土梁的波浪冲击试验
5	2002	混合防波堤前袋装护面块石的稳定性和耐久性试验[5]
6	2002	波浪作用下的地基液化试验
7	2002 2003	消浪块体冲击作用下的直立式沉箱剪切破坏研究[6]
8	2004	海啸对陆上结构物的破坏试验
9	2005	海啸对陆上木结构房屋的破坏试验
10	2005	海啸对人的冲击试验
11	2006	海啸作用下结构物的漂流试验
12	2007	海啸和风浪作用下直立浮上式防波堤水动力特性研究[7]
13	2011	倾斜护岸上部结构在波浪作用下的损伤和破坏试验[8]
14	2012	海啸作用下防波堤后的冲刷试验
15	2012	波浪能发电试验(正在进行)

为了进一步研究海洋地震对港口及人类活动的破坏,LHGF 在 2012 年 9 月至 11 月进行了改造和维修,改造的目标即在水槽底部安置水下振动台,用于在水槽中模拟地震 + 波浪对建筑物的作用。

日本 LHGF 所用造波机由石川岛播磨重工业株式会社负责建造。该造波机是活塞型推板式造波机,其采用 4 台 220kW 的交流伺服电动机带动齿轮进行驱动,图 1-1 为造波机的外观和铭牌。

图 1-1　造波机外观和铭牌

按照设计指标,该造波机的最大移动距离为 ±4m,所造波浪的周期范围为 2 ~ 8s,所造波高最大为 3.5m。在实际使用过程中,最常用波高周期组合为:波高2m + 波周期6s,按照1∶5的比尺计算,该组合原体值为:波高 10m + 波周期13.42s。

上述最大波高 3.5m 是指规则波的波高,且出现在造波机前,此时板前水深为 7.6m,对应波周期范围为 6 ~ 8s。实际上,3.5m 的波高仅为其设计造波能力,实际造波能力为设计值的 1.1 倍(波高 3.9m),这个富余值对于不规则波造波是十分必要的。在不规则波造波中,板前采集到的有效波高最大为 1.4m,对应周期为 5.49s。

造波过程中,波浪传播至水槽末端与消波块体发生作用产生破碎,破碎波的波高可以达到 4m 以上,并会伴随有较大的声音和振动。如果水槽内设有模型结构物,则波浪与结构物作用时也会产生较大的溅浪,溅浪有时甚至会飞到水槽以外。

造波机前后都充满了水,在造波机运动过程中,板后的水体也会产生波浪,这与造波机的位置以及造波的周期等有关。通常情况下,造波板背面的距离要比波长小,因此背面的水体只会上下波动,图 1-2 说明了造波机造波周期和造波板背面(板后)距离的关系。

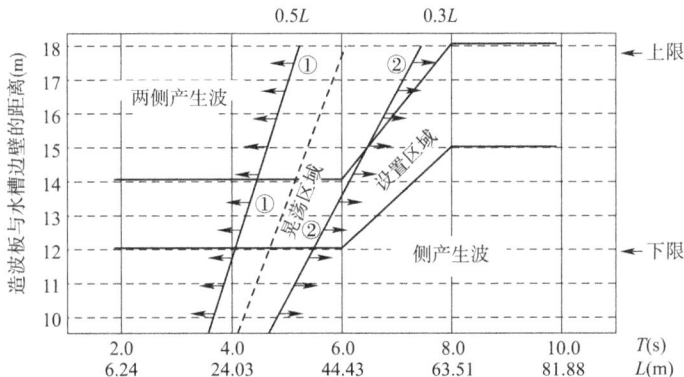

图 1-2　造波机造波周期与造波板背面距离的关系

从图 1-2 中可以看出,①号线左侧的区域,由于波周期较小,造波板两侧都可以产生波浪;②号线右侧的区域,波长增大,只能在一侧产生波浪,板后的水体做上下运动;在①号线和②号线之间的区域,板后的水体由于造波板的运动而产生晃荡(Sloshing)。从数值上说明,当板后的距离大于 0.5 倍的波长时,造波板后可以产生波浪;当板后的距离小于 0.3 倍的波长时,造波板后不能产生波浪;当板后的距离在波长的 0.3 ~ 0.5 倍之间时,板后水体产生晃荡。

图 1-2 中两条黑线表示造波机的平均位置。从图 1-2 中可以看出,其驱动部的移动范围为 6m(上限 18m,下限 12m),由于最大移动距离为 ±4m,因此造波板的移动范围为 8 ~ 22m。

造波机工作过程中采用吸收式无反射造波,其在造波板前设置了两根波高传感器,用于实时采集波高并进行分析。从目前的使用情况来看,其对反射波的吸收并不是很理想,据有川太郎博士介绍,其吸收率只有 20%,尤其是在不规则波的情况下,若波的个数较多,则建筑物的反射波回到造波板前产生二次反射较严重,这也是很少进行不规则波试验的原因之一。日本研究人员对造波机的升级改造目标是控制系统能够得到改良,希望将来即使是不规则的长周期波,也能进行吸收控制。改造后,造波板的运动范围将变为 28m (驱动部的移动范围为 16m)。

图 1-3 为造波板前波高造波板的滑动距离以及造波机耗电量之间的关系,该测试是在造波板前水深 7.6m 时进行的。从图 1-3 中可以看出,造波周期为 6s 时,测得的最大波高值为 3.9m(①号线),为设计造波能力的 1.1 倍,此时耗电量为 700kW(②号线)。

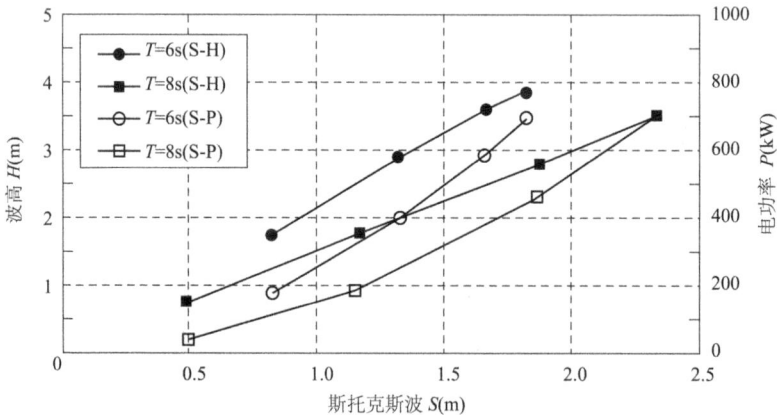

图 1-3 造波板前波高、造波板滑动距离及造波机耗电量之间的关系

1.1.2 世界上其他大水槽的研究内容

目前,利用大水槽进行科学研究在国际上已有较为广泛的应用,德国、荷兰、美国以及中国台湾等地相关学者均利用大水槽进行了大量的试验。研究的内容主要包括:波浪基础理论研究;波浪作用结构受力、稳定性和破坏机理研究;泥沙运动方面的研究;新型防浪结构物的开发等。

德国汉诺威大学水槽(GWK)主要研究内容有:①抛石防波堤:波浪产生的孔隙水压力,结构内部流场以及护面结构整体稳定性、挡浪墙所受压力以及越浪等。②直立式防波堤:破碎波对结构的冲击力、底部浮托力、基础所受孔隙水压力以及波浪—结构物—地基之间的响应。③海堤和护岸:破碎波浪的冲击、波浪的爬高与越浪、结构的稳定性、越浪引起的堤后冲刷等。④新结构的研发:新结构的水力特性、波浪荷载以及稳定性等。⑤离岸结构:未破碎和破碎波浪荷载、结构动态响应、离岸结构底部冲刷及防护。⑥岸滩稳定性及泥沙淤积:大浪条件下的岸滩冲刷演变特性,海床泥沙垂线分布等。⑦基础理论研究:海啸特性模拟、波浪的非线性等。

从 1998 年至 2006 年,中国台湾成功大学水工试验所承担的 200 多项科学计划中,就有 64 项与试验大水槽有关。其中较具国际规模的试验包括云林离岛工业区水工模型试验,核四双溪河口流向变化、外伞顶洲保护措施水工模型试验及台湾最大的台塑六轻麦寮港建设相关水工模型试验。试验的内容包括海洋结构物受力、防波堤与消波块体稳定性、海岸冲淤、堤脚冲刷等。此外,还利用该水槽在 2002 年开始研究中国台湾教育部门"卓越计划"的"斜坡上非线性波浪传动特性之研究",经过 3 年的研究,该基础理论研究成果居国际领先水平。2004 年,东南亚发生海啸。该试验室利用该水槽在黄煌辉教授主持下进行了海啸模拟,了解海啸运动特性。对此,日本富士电视台进行了采访拍摄,在日本及欧美播出,让世界深入了解海啸。

荷兰代尔福特水槽自建成以来已经承担了近 30 项基础性研究和应用性研究课题。主要研究的内容包括近海和海洋工程结构稳定性、在波浪作用下的动态响应、波浪—地基—结构物相互作用以及岸滩侵蚀等泥沙问题。

在以上设施中所进行的研究,指明了海岸和海洋工程目前的研究热点和研究方向,在一些国际会议上得以公开,例如第 33 届海岸工程国际会议(ICCE 2012)于 2012 年 7 月 1 日~7 月 6 日在西班牙 Santander 举行,检索其会议论文,其中与大水槽相关的研究主要有:①波浪作用下护岸结构的稳定性;②近海风电下部结构的稳定性研究;③海堤损坏之后的防浪能力研究;④利用两种方法测量防浪结构的受力;⑤直立式防波堤的越浪试验;⑥不同护面块体对波浪爬高与越浪的影响;⑦沙袋堆砌护岸的稳定性。

1.1.3　天科院大水槽的基本情况

天科院于 2007 年 6 月开始开展本项目的前期论证工作,2008 年 6 月 11 日在北京召开了"交通部天津水运工程科学研究所水运工程应用基础技术实验室建设"专家咨询会,会议邀请了 8 位国内著名专家,专家一致认为该项目的建设是十分必要的、紧迫的,之后于 2008 年 8 月委托中交水运规划设计院有限公司承担编制本项目的项目建议书。2014 年 7 月,天科院大比尺波浪水槽建成并投入使用,是目前世界上造波能力最强、功能最齐全的大比尺波浪水槽,能进行 1∶5 到 1∶1 的大比尺模型试验,最大限度地消除比尺效应,还原更为真实的物理过程。

天科院大比尺波浪水槽设计总长度 456m,宽 5m,最深处 12m 深,如图 1-4 和图 1-5 所示。按波浪的形成、实验、消波等,分为造波区、实验区、消波区。其中实验段水槽深为 12m,从底面开始设有 4m 高的铺沙坑,标准试验水深为 5m,从静水面到水槽顶端的高度为 3m。水槽采用半地下式,露出地表的高度为 2m。

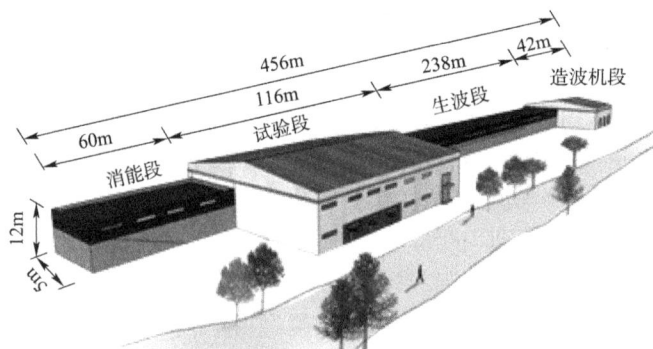

图 1-4　天科院大水槽基本参数

图 1-5　天科院大水槽实景图

大水槽造波装置采用活塞式造波板,用电动机带动齿轮和齿条的驱动方式,电动机采用交流伺服电机(260kW×6 台)。造波板的前后都注水,采用背面平衡方式。造波板的中心位置采用可移动方式,背面距离取波长的 1/4 左右,这样背面的水面只是上下移动,造波板背面受力单纯,受波能量影响较小。对于短周期的波浪来说,由于所需造波能量不是很大,允许背面造波,但需设置消波装置。造波装置的最大冲程为 ±4m,采用位移控制,并且可以利用造波板前面的波高计所采集的波高信息,进行吸收式造波。

大水槽造波机设计造波板深 11m、宽 5m,可生成规则波和常见谱型的不规则波,其设计造波能力为规则波最大波高 3.5m,波浪周期范围为 2～10s。另外对于较长周期的海啸波、孤立波等可采用专门的控制程序实现。

大水槽环流装置由水泵、管路、廊道和控制设备组成。环流水路与水槽平行,长约100m、宽1.5m、高8.5m。其中水泵部分的宽度为2m。环流水路的中央,设置 4 台 220kW 的轴流可动翼式水泵。通过螺旋桨桨叶的倾斜角的变化来调节流量。正流方向最大流速为 1m/s,流量为 20m³/s,逆流方向的最大流速是正流方向的70%。进出水口经过试验验证采用底部出流方案,进出水口闸门的关闭采用油压式结构。

大水槽铺砂段位于水槽试验段部分,铺砂段长 100m,砂层厚度为 4m,铺砂段顶面距离水槽顶面为 8m。沉砂坑位于水槽试验段后面,用于收集试验中水体所夹带的砂。铺砂段可以进行海洋地基冲刷、沙质地基液化等方面的模拟。

同时,大比尺波浪水槽配备了高精度波高传感器、大量程压力传感器、大量程六分力传感器、单点及剖面流速仪、水下高清摄像机、六分量位移传感器、三维地形扫描仪、越浪量自动测量仪等先进的测量仪器和设备。

天科院大比尺波浪水槽作为国际领先水平的水运工程基础理论研究设施,将建设成为适应水运交通现代化要求、配置先进、功能齐全、资源共享的水运工程科技创新平台,以及技术创新、重大技术突破、高层次人才培养和进行国际交流的基地,其应用前景主要包括如下几方面:

(1)突破比尺效应,进行基础理论研究,为数学模型、理论分析提供依据。

比尺效应产生于利用不同的相似准则模拟原体的过程。例如,由重力因素控制的波浪运动,在海岸工程中的比尺模型通常选择 Froude 准则,而其他作用力(包括摩擦力、弹性力、表面张力等)所满足的相似准则则不能兼顾,因此这些作用力的影响在模型中往往忽略,这种模型与原型的差异即为比尺效应。图 1-6 给出了波浪与结构物作用时各部分所需满足的相似准则以及比尺对不同相似准则的影响[1]。从图中可以看出,随着比尺的增大,在重力相似的条件下,摩擦力、弹性力和

7

表面张力的比尺都逐渐增大。利用大比尺波浪水槽,可以将模型的比尺控制在 1∶5 ~ 1∶1 的范围内,这样在重力相似的条件下,摩擦力、弹性力和表面张力的比尺的最大值分别为 1∶11.2、1∶5、1∶25,控制模型比尺可最大限度地消除比尺效应的影响,从而得到更为真实的试验数据和试验现象,这些都可以为数学模型以及理论分析提供依据。

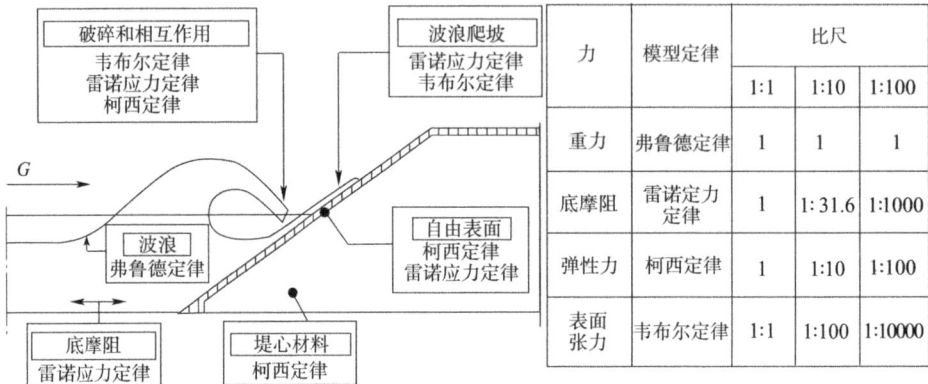

力	模型定律	比尺		
		1:1	1:10	1:100
重力	弗鲁德定律	1	1	1
底摩阻	雷诺定力定律	1	1:31.6	1:1000
弹性力	柯西定律	1	1:10	1:100
表面张力	韦布尔定律	1:1	1:100	1:10000

图 1-6　比尺对不同相似准则的影响

（2）进行结构破坏性研究,为防波堤的破坏评估提供依据。

近年来频现的恶劣天气产生的极端波浪对海岸工程造成了极大的威胁,例如 2011 年台风"米雷"对烟台西港区部分护岸的破坏和台风"梅花"对大连福佳大化 PX 项目防潮堤的破坏（图 1-7）。借助大比尺波浪水槽,可在实验室对结构进行破坏性试验,检验块体、沉箱、胸墙等结构的稳定性,进一步根据不同结构的破坏形式分析破坏机理,从而为防波堤的破坏评估提供依据。

图 1-7　台风对海岸结构的破坏

（3）进行海堤的越浪研究,为安全防护和防灾减灾提供依据。

在海洋波浪场中,防波堤不但受到波浪的冲击,在大浪作用下还会出现严重的越浪,往往造成巨大的经济损失,因此防波堤的越浪量不但是防波堤结构和断面设计的关键因素之一,也是衡量防波堤防浪效果以及评价堤后安全的重要参数。国外学者多采用大比尺波浪水槽进行接近原体的试验,检验越浪对防波堤结构及对人体的冲击作用。借助天科院大水槽进行海堤的越浪研究,确定不同的越浪标准,从而为港口码头及沿岸设施的安全防护和防灾减灾提供依据。

(4)进行泥沙问题研究,探讨运动机理,寻求减淤方法。

泥沙问题是海岸工程研究领域中较为复杂的问题之一,图 1-8 是国外大水槽进行的部分泥沙试验。泥沙模型试验中,除重力相似条件外,摩擦力相似、黏性力相似也会对泥沙的起动、输移、沉降产生影响,这些影响在小比尺的模型试验中会产生较为明显的比尺效应。例如在动床冲淤验证试验中,水流结构及泥沙运动都不是严格相似的,另外输沙量比尺及河床变形时间比尺等目前尚无法正确计算,都要依靠验证试验来解决。借助大比尺波浪水槽,可以模拟接近原体的泥沙问题,从而探讨运动机理,寻求减淤方法。

图 1-8 大水槽中进行的泥沙试验

(5)进行波浪与地基基础相互作用研究,探索地基失效引起的建筑物破坏机理与改善措施。

恶劣水文条件下,波浪对结构物的作用远超过正常天气条件,尤其在软土地基情况下,更容易发生结构与地基失稳。波浪作用下结构与地基特别是软土地基失稳机理的研究作为港口海岸工程学科的前沿课题,一直是各国学者和工程技术人员研究的热点和难点。利用大比尺波浪水槽铺砂段进行波浪与地基基础相互作用试验,是大比尺波浪水槽设计的主要功能之一。

天科院大比尺波浪水槽自建成以来,本着"开发共享、合作共赢"理念,与清华大学、天津大学、河海大学、海军工程设计研究局、国家海洋局南海分局、中国科学院广州能源研究所等建立了良好合作关系,开展了涉及远海珊瑚礁建设、波浪—结构物—地基耦合、浮体运动响应机理等 13 项试验工作,取得了丰硕研究成果。与此同时,天科院与国际知名大水槽研究机构德国汉诺威大学、日本港湾空港技术研究所等签订了合作备忘录,就共同筹建"国际大水槽联盟"达成一致意向,从而不断提高天科院大水槽国际化水平。天科院大水槽完成项目情况见表1-3。

天科院大水槽完成项目情况　　　　　　　　　　　　　　表1-3

年份(年)	项目名称	合作单位	项目来源
2014	浮式防波堤消浪效果研究	单独承担	天科院院基金
2014	波流作用下孤立建筑物周围局部冲刷研究	天津大学	国家自然科学基金
2015	恶劣水文条件下港口水工结构的破坏机理和设计参数优化研究	天津大学、中交一航院	交通运输部重大专项
2015	护岸稳定性与越浪量试验研究	海军研究院海防工程设计研究所(原海军工程设计研究局)	项目研究
2015	岛缘陡变地形与极浅水波浪冲击作用机理研究	天津大学	天科院院基金
2015	斜坡堤越浪标准和比尺效应研究	独立承担	国家自然科学基金
2016	基于大比尺水槽的波流边界层发育机制实验	河海大学	交通运输部科技基金
2016	网箱养殖设施大比尺波浪试验	福建水产研究所	福建省科学基金
2016	港湾突发性溢油应急及生态修复技术合作研发	天津理工大学	国家自然科学基金
2016	珊瑚礁建筑物波浪冲击特性与抗滑稳定性研究	独立承担	天科院院基金
2017	验潮井稳定性试验研究	国家海洋局南海分局	工程项目
2017	波浪地震作用下×××安全性评估	海军研究院海防工程设计研究所(原海军工程设计研究局)	科技部重点研发专项
2017	百千瓦海上可移动能源平台水动力及锚泊系统抗台风模型试验	中国科学院广州能源研究所	国家自然科学基金

大比尺波浪水槽的研究成果产生了重要的科学和社会效益。基于大比尺水槽的波流边界层试验成功测量到了波流边界层的发育机制,对预测港珠澳大桥沉管基槽的泥沙淤积具有重要的价值;恶劣水文条件下港口水工结构的破坏机理和设计参数优化研究成功复演了长江口半圆堤的破坏过程,揭示了波浪—结构—地基的非线性耦合机理;护岸稳定性研究、岛缘陡变地形与极浅水波浪冲击作用机理研究等项目的科研成果,有力支撑了我国岛礁工程的设计与建设,对我国"海洋强国"战略的实施具有重要的意义。

1.1.4 小结

研究波浪循环荷载作用下软黏土地基强度的弱化现象,试验中需要长时间的模拟自然的海浪作用。众所周知,水槽造波存在造波板对波浪的二次反射问题,处理不好很难得到稳定的、满足试验要求的波浪条件。

从世界上几个大比尺波浪水槽的研究内容上看,基本上都是在水工建筑物波浪力、破坏模式、稳定性等方面开展的研究,真正模拟地基的研究项目不多,而需要长时间稳定波浪的项目也少。其原因,首先是国外在软弱地基上的重力式水工建筑物研究开展的不多,另一方面也说明类似的研究难度很大。日本大水槽吸收式造波的效果并不理想,其他大水槽则没有类似的资料。

1.2 大比尺波浪水槽软黏土地基的模拟技术

1.2.1 触变性研究现状

"触变(thixotropy)"一词最早是由 Peterfi 于 1927 提出的,Mitchell 将软土触变重新定义成土的成分、体积、性质不发生改变的情况下由重塑扰动引起的等温、可逆的软化过程,在这个过程中,外界扰动使土体软化或结构破坏,静置使土体强度逐渐增长。

一般而言,岩土工程学科中,触变性是土体受到外力扰动,土的结构遭到破坏,强度下降,甚至转变为液体形态,停止扰动后又随时间逐渐形成结构强度增长的现象。1949 年 Boswell 进行沉积物触变性试验发现,大多材料都呈现出触变性。研究触变性对深入了解土的力学性质,解决由触变性导致的地基土体强度降低、失稳滑坡、工后沉降等工程灾害具有重要的指导意义,对此不同学者展开大量研究。

1957 年 Seed 和 Chan 对经过压实的黏土进行了触变性试验,研究指出,含水率和原始结构对触变影响较大。Mitchell 的研究也发现,土的含水率通过改变粒间力,从而对土的触变产生很大影响。Skempton 和 Northey 的研究指出,触变黏土恢复时间等于该类土体形成的地质年龄,触变硬化是造成低至中等灵敏性的主要原因,同时对过敏性黏土的灵敏性有一定影响。

Diaz-Rodriguez 等利用电导率法对墨西哥土的触变性进行研究。冯秀丽等对黄河三角洲粉土进行旁侧声纳图像与室内试验分析对比,证明粉土具有触变性。李丽华等、王亮等利用微型十字板剪切仪分别对翠湖湿地软土、太湖与白马湖疏浚淤泥的触变性进行了试验研究,主要测试湿地软土扰动后不同静置时间的抗剪强度,从三个方面分析了软土的触变性。刘娟娟针对粉土触变强度恢复特征进行研究,通过无侧限抗压强度试验反映强度变化得出,扰动程度越大的土体,其无侧限抗压强度越小;采用原状土进行室内振动试验,模拟现场土体振动,研究不同扰动程度下土体对不同扰动程度的试样进行相同时间的静置,分析表明,不同扰动程度的试样强度均有所恢复。

有些学者也建立了相应的触变本构模型。徐永福等基于多维虚内键(VMBI)模型研究了超灵敏土的触变性、触变破坏和强度恢复与扰动形式和扰动时间的关系,并研究触变后强度恢复特性,很好地模拟了软土触变的强度恢复过程;计算软土触变过程中的沉降量,从本质上揭示了灵敏海相软土地基工后沉降变化规律。

在工程实际中,很多研究表明,软土触变性对打桩有较大影响,如在静载打桩时,打桩后,一般恢复桩承载力大概需要 2.5~3 个月,此时桩的承载力增加比打桩 7d 时多 1.7 倍。徐永福对施工扰动作用下的湿喷桩下沉现象展开研究,试验结果表明,在施工初期,施工扰动引发湿喷桩下饱和粉土强度减小;施工扰动停止后,随着静置时间的延长,粉土强度逐渐提高,甚至大于初始强度。

李丽华等对国外软土的触变性研究现状进行了总结,对触变强度比率及相关试验成果进行了介绍,研究表明,温度对触变强度增长有很大影响,并阐述了国外学者研究的软土触变作用机理,对于解决工程实际问题,具有重要的实践意义。刘科对触变性的机理进行了统一的解释,将触变性主要归结为正、负和复合触变性,并从分散相、外加电解质、剪切速率及 pH(酸碱度)值等方面对此进行了分析总结。

1.2.2 固化土研究现状

水泥土是一种多相混合体系,通常是由一定比例的土、水泥、水以及外加剂掺和而成的,在固化剂水泥作用下,使水泥和软土发生一系列反应,使软土强度提高,具有一定水稳性[20]。水泥土具有强度高、压缩性低和渗透性低等特点,同时又有低费用、方便施工、作业面较小等优点,因此广泛应用于许多工程领域中。

20 世纪初,国外就开始了对水泥土的研究和应用,Bahar 等研究了水泥土强度随不同含水率的变化关系;Saitoh 等研究发现,水泥固化土强度主要来源为水泥水化硬化反应的胶结作用。

我国于 20 世纪 70 年代前期在水利工程上开始应用和研究水泥土,并取得了较为迅速的发展。郝巨涛从水泥土的弹性性质、屈服及应变总量等角度研究了水泥土的力学特性,并提出了水泥土的塑性模型;宁宝宽等利用土力学三轴系统、冻融循环系统和数码相机完成了正常条件下水泥土的环境浸蚀效应,探讨了水泥土在浸蚀环境下的损伤破裂试验;王星华分析了黏土固化浆液的水化反应过程和固化剂的催化机理,从微观角度研究了固结过程中的中间产物和反应产物的微观结构;张虎元等认为在冻融过程中针状、纤维状结晶体提高了水泥黄土的强度,但结晶又形成连续冰层,冰层附近的水泥水化结晶网络被破坏,强度降低,从而解释了在反复冻融条件下水泥黄土强度的衰减机理。

近几年来,有关水泥土力学特性、物理力学特性、结构形成及强度增长机理、工程特性以及工程设计和应用的相关研究较多,相关预测模型也已经建立起来。

范晓秋等在水泥土中掺入少量的砂,对水泥砂浆固化土的掺砂量与强度之间的关系进行了研究,指出在一定水泥掺入比下,存在一个最佳掺砂量,可得到最大强度水泥砂浆固化土,且变形系数最大。杨廷玉等着重分析了水泥固化土强度特性,结果表明,在一定应变条件下,水泥固化土应力随着围压的增加不断增加,说明水泥对土体起到很好的加固作用。

黄新等针对粉砂土进行了研究,分析了水泥在固化土结构形成过程中所起不同作用及其与水泥土抗压强度增长规律的相互关系。试验分析表明,固化土结构形成分别由固化剂胶结土颗粒与填充孔隙两部分组成,不同水泥含量时水泥在固化土结构形成过程中所起的作用不同,水泥固化土抗压强度增长规律也不相同。宁建国和黄新根据固化土结构提出了固化土结构模型,分析了孔隙之间的填充和土颗粒互相胶结对形成固化土结构及强度增长的作用,并指出孔隙填充是影响固化土抗压强度的重要因素。

刘顺妮等探讨了不同黏土含水率时,外加剂对水泥稳定土的作用效果,指出在高含水率黏土中增加外加剂含量有利于形成较多的钙矾石,提高水泥土强度;当黏土含水率较低时,需要适当控制硫酸盐含量,以避免过多的钙矾石造成土体体积膨胀而引起试样强度的降低。叶观宝等通过在水泥土中分别添加 SN-II 高效减水剂、$CaCl_2$ 和 $Al(OH)_3$ 早强剂以及不添加任何添加剂的试样进行不同龄期的微观结构参数试验,分析表明,SN-II 对水泥土水化速度有重要影响,同时影响水化产物空间结构的形成,而早强剂 $CaCl_2$ 和 $Al(OH)_3$ 对水泥土的影响既体现在水化反应上,又表现在水化速度和空间结构上。

盛岱超等通过重新定义有效应力的概念,依据是否会产生新的冰透镜体,从而提出简化的冻胀模型。这个模型是通过设置几个相应的土参数,计算土体的冻结深度及冻胀量,以此分析所建立不同土模型的冻胀敏感性。试验结果表明,随着温度梯度的递增,使冻结缘厚度不断减小,为冰透镜体的生长提供了充足的空间,从而有利于冻胀发展。

汤怡新等通过大量试验,指出了水泥固化土工程特性,得出了水泥土的应变、强度和渗透率等参数随水泥用量和含水率的变化关系,表明水泥的用量对水泥固化土的抗压强度起主要影响作用,然后是原状土的含水率。宫必宁和李淞泉论证了水泥对软土的加固机理,在软土中掺入水泥,使软土物理性质改变,加强了颗粒相互之间的联结作用,从而使原土孔隙率和含水率降低,减小颗粒间孔隙,削弱结合水膜,使软土密度提高,因而强度提高;不同物理参数的改变,是水泥土力学性质变化的本质原因,水泥土强度主要受水泥掺入比影响,粉煤灰作用较小;一般水泥掺入比不宜低于 8%,一般为 10% ~ 15%,过低对软土强度提高效果不明显,过高则增加了费用;软土含水率对水泥土强度影响明显,含水率过高,水泥土强度较低,反之,水泥土强度高。

1.2.3　低位真空预压研究现状

瑞典皇家地质学院杰尔曼(W. Kjellman)在 1952 年最早提出使用真空预压加固软土地基的方法,揭示了其作用机理,并在现场展开了小型试验。高志义等于 20 世纪 80 年代用离心机模拟了真空预压加固试验,证实了真空联合堆载时,应力叠加效果明显,且 20m 长的砂井底部仍有一定的加固效果,并从机理上指出真空预压加固过程即 u(势)分布从不平衡到新的平衡形成的全过程。彭劼等探讨了真空联合堆载法的加固机理,指出真空预压的直接影响范围可以达到地面 18m 以下,真空度随加固深度逐渐递减,且土体加固效果要优于堆载预压。闫澍旺利用简易模型阐述了加固软黏土地基的真空预压方法的作用机理,研究表明真空预压的有效加固深度与真空度的传递效果有关,并证明真空预压法的加固深度可以达到 10m 以上。黄生文、董志良从真空及联合堆载预压加固的机理与深度的角度进行了分析,得出真空预压对软黏土的加固深度可达 20m。

龚晓南、胡士兵等论述了研究真空预压加固软土地基机理,提出了真空渗流场理论,认为抽真空的真空渗流在土体较大孔隙通道中形成,孔隙通道中流动的"真空流体"在压力差作用下排出,土体产生固结现象。张仪萍等利用 Hansbo 砂井地基固结理论和真空预压方法的边界条件,考虑真空度的衰减情况,对真空预压加固软土变形和固结度的计算方法进行了分析。

李青松等探讨了真空渗流场作用机理,将"有效应力"分解成水平方向和竖直方向两个有效应力,揭示真空预压以"降落漏斗"的形式进行渗透固结,真空度从顶部沿竖向排水通道向下传递,产生许多动态完整井,土体渗透固结以各个完整井为中心产生,并改善土体整体强度。

徐宏等运用有限元模拟了真空预压全过程,并结合工程试验现场十字板剪切测试结果,分析了真空预压不排水软土强度的变化规律,二者结果较吻合,都表明软土强度呈非线性增长,真空预压前期软土强度增长快,后期较为缓慢。刘润等针对塑料排水板对地基承载力及工后沉降的影响进行了研究,认为塑料排水板对地基可以起加筋作用,对地基的极限承载力有一定程度的提高,当地基承受超载时,塑料排水板可以进一步提高地基的极限承载力,但地基相应的沉降量也会增大。

基于真空预压技术的发展,为解决沿海地区建设用土不足的问题,许多学者逐渐着眼于低位真空预压技术的研究。冯伟骞采用室内模拟试验与现场原位试验相结合的方法,对低位真空预压法加固软土地基进行了研究,同时加固吹填软土地基和其上覆泥封层,可解决部分地区土地资源稀缺问题,在工程设计时使用太沙基的比奥固结理论,并考虑气候条件的影响,施工前进行小型的吹填土模拟加固实验,反推吹填软土的固结参数。黄宗燈在温州围涂造地项目工程中应用了低位真空预压法,从设计、施工、主要质量控制技术参数、现场监测数据以及加固效果等方面进行了全面的探讨,讨论了在温州吹填造陆及软基处理中应用低位真空预压法的相关问题,解析了施工过程中存在的问题,同时提出改进措施,并从正、负压固结机理角度说明了真空预压法在加固软土地基中的作用机理。

朱建中阐述了在真空预压施工中应用水平排水板的相关问题,分别从孔隙水压力、膜下真空度沉降均匀度以及周围土体的水平位移等方面与竖向排水板进行了对比,水平排水板在土体均匀性和经济效益方面都优于竖向排水板。

1.2.4 模型土研究现状

土工模型试验可以解决理论计算中土性指标及简化假定后与实际不相符合等问题,有效避免了现场原型试验的耗资、费时以及试验条件难以控制的不足,具有更大的实用性,为工程实践提供数据支持。

李岳、姜忻良对土和结构互相作用的模型土的设计方法进行了总结,主要存在单一指标无法描述地基土的全部动力特性、有限的模型空间容纳不下足够的配重以及惯性力效应的损失等方面的问题,对于模型土的设计须从整体上把握原型地基土的相关特性,不必追求具体相似参数的统一,进而使理论分析与试验研究更切合实际。

王志佳等将基于土体动力特性骨干曲线方程推导出的控制原型土与模型土相似关系的指标、剪切模量比 G/G_{max} 和参考应变 γ 的相似比作为模型土设计的主要控制因素,在试验中,模型土与原型土的变形特性吻合度较高,很好地重现了原型地基土在地震动作用下的动力响应特性。

魏宝华等进行了动力试验模型土的配制,探讨了初始剪切模量与试样干密度和含水率之间的关系,基于动力模型试验的相似关系指出,在模型土配制时应选择与原型土相比含水率较高与干密度较小的配制方案,以使试验中的相似性尽量满足需求。

1.2.5　小结

综上所述,目前国内外学者多是对土的触变性、水泥土的强度特性、低位真空预压的加固机理和模型土设计方法分别进行研究,而将以上三种方法与模型土的设计相结合来研究的相对较少,对超软地基土的讨论就更少。针对这一现象并基于大比尺水槽试验的需要,笔者结合土的触变性、水泥土的强度特性以及低位真空预压的加固机理进行了超软土的制作技术研究,并分别从微观和数值模拟角度解释了超软土的强度增长机理。因此,本书的出版具有重要的理论意义和工程实践应用价值。

2 港口防波堤结构破坏案例分析及规律总结

2.1 防波堤破坏部分工程实例及破坏机理研究综述

防波堤在抵御外海波浪对港口泊稳条件不利影响的同时,应该保证自身的稳定安全,特别是在灾害波浪条件下应该具有一定的安全储备,保证其功能不会完全丧失,从而最大限度地减小港口工程的损失。基于以上原因,在海港各类水工建筑物中,防波堤破坏形式和破坏机理的研究具有十分重要的地位。

近百年来,波浪基础理论、防波堤模型试验技术和设计方法方面均有较大发展。可是由于海浪的随机性以及波浪与防波堤和地基相互作用的复杂性,防波堤局部甚至主体损坏事件在世界范围内仍然时有出现。典型的实例,如 20 世纪 30 年代初,地中海沿岸热那亚等几个港口防波堤的毁灭性破坏,1978 年葡萄牙锡尼斯港深水防波堤严重破坏等。日本接连不断地发生防波堤损坏事件,我国也经常出现一些防波堤的损坏事例 (吴永强、李炎保、刘颖辉, 2008)。

《防波堤损坏特点与其成因的关系》(李炎保,蒋学炼,刘任, 2006)一文,利用日本《被灾防波堤集览》、葡萄牙锡尼斯防波堤、日本六小河原港防波堤、中国大连渔港、中国台湾基隆港等 61 件典型损坏案例及其他参考文献所涉及的 140 余件案例,讨论了防波堤损坏平面形态与断面部位的特征。文章根据防波堤损坏的各种不同的特点,从波浪水动力学性质、结构形式、地基特性和施工技术等诸多方面分析了损坏成因与损坏特点之间的关系,从而进一步深化了工程界对防波堤工作和破坏机理的认识。

目前对于防波堤破坏形式和机理的认识主要有:防波堤在波浪作用下发生蛇形破坏(如长江口二期工程北导堤局部破坏为蛇形破坏,见图 2-1);直立式基床过高、过宽或过陡引起破碎波冲击波压作用破坏;波浪引起绕堤头或沿堤水流对基床淘刷损坏;堤前海床冲刷或液化;地基承载力不足;沉箱滑移、倾斜和棱体的消浪块重量不足发生散乱剪切破坏(如阿尔及利亚 Mustapha 港防波堤剪切破坏见图 2-2)等。

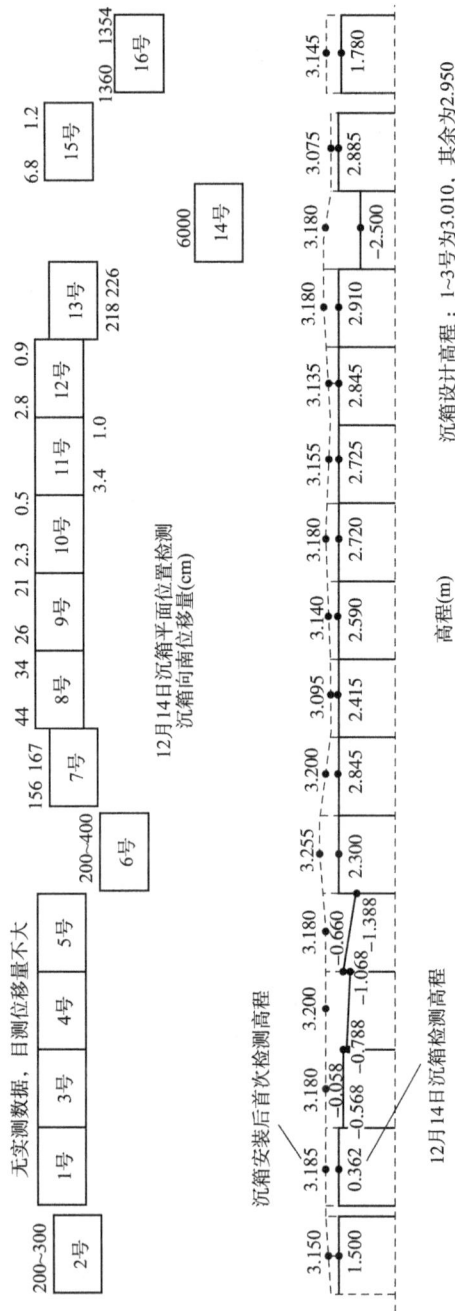

图 2-1　长江口二期工程北导堤局部段沉箱破坏情况

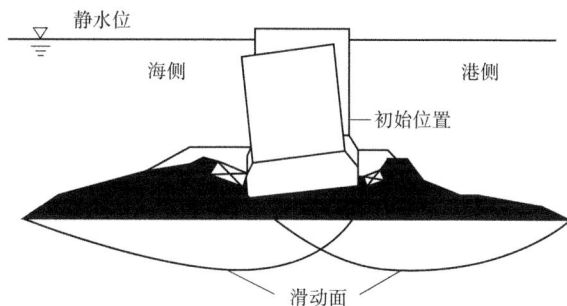

图2-2 阿尔及利亚 Mustapha 港防波堤剪切破坏

中国公司承建的巴齐丹（PACITAN）工程位于印度尼西亚爪哇岛南岸，面对印度洋，工程海区波浪为长周期涌浪，无浪天数较少，工程区平均波高在 1m 以上，波高较大，平均周期在 18s 以上，海区条件恶劣。工程原设计采用扭工字护面块体，在工程之前，通过小比尺模型试验验证防波堤在设计波浪条件下是稳定的。

在小比尺模型中无法正确模拟波浪的破碎、波浪对堤心石的冲刷及块体强度对稳定性的影响。在实际工程施工过程中出现破碎波高冲击块体，造成块体小幅度摇摆碰撞，最终发生块体杆件结构性破坏现象，降低了块体实际重量并破坏了块体间咬合作用。

同时由于施工中未能按设计要求设置块体下的垫层石，因此长周期波浪不断地淘刷堤心块石，这些因素最终引起防波堤出现大面积损坏（图2-3、图2-4），从而导致了工程遭受达近 1 亿元的损失。

图2-3 巴齐丹防波堤在破碎大浪下的损坏现场

图2-4 巴齐丹防波堤损坏后堤心石受波浪冲刷

与 PACITAN 工程类似，印度尼西亚芝拉扎（CILACAP）电厂工程位于爪哇岛南岸，面对印度洋，海区条件恶劣。工程原设计采用国外机构研制的 A-jack 块体。在实际工程施工过程中大浪作用下破碎波冲击块体，造成块体杆件结构性破坏，降低了块体实际重量并破坏了块体间咬合作用，导致防波堤出现大面积损坏（图2-5、

图2-6）。防波堤在建成之后进行了多次紧急维修,造成了大量经济损失。

图2-5　芝拉扎电厂工程采用的块体及其构建损坏情况　　图2-6　芝拉扎电厂工程采用的块体及其构件损坏情况

2011年8月,梅花台风在大连沿海登陆,受其影响,大连石化码头一段护岸发生破坏,海侧块体完全损坏,上部胸墙连带部分陆域面层损坏,造成了经济财产损失和极坏的社会影响(图2-7、图2-8)。

图2-7　大连福佳大化PX项目防波堤遭台风梅花冲垮　　图2-8　大连石化码头工程现场块体损坏情况

分析其损坏原因:

(1)破坏时波浪条件远超过设计条件,破坏时波高仅为设计10年一遇水平,而周期波远大于50年一遇7~8s的水平,平均波周期达到14s,长周期波对结构特别是护面块体的影响较大。

(2)护面块体在波浪作用下发生结构破坏,降低了块体实际重量并破坏了块体间咬合作用。

(3)波浪分布对结构稳定的影响:设计中采用常规的断面试验,只能反映设计波浪均匀分布条件下结构的稳定性,而在地形、建筑物反射等多方面影响下,沿结构物的波高分布往往是不均匀的,会出现波能集中位置,常规的断面试验很难反映这个特点。

20

从平面形态分析,防波堤损坏多发生于堤头或凹角附近,多处损坏常表现为"蛇行破坏"的情况,沿堤轴线大范围损坏的案例相对较少,主要发生于突堤,离岸堤出现大范围损坏的案例比突堤要少。

断面损坏形态因结构类型而异,消波和护面块体散乱、基床损坏、海床冲刷为常见损坏形态,消浪块体和同一断面不同部位常常发生同时损坏和关联损坏。

相对于整体抵抗波浪作用的沉箱、方块等构件而言,单体工作的消波、护面块体和基床发生损坏的比例要高。直立堤、斜坡堤、水平混合堤的断面损坏形态,其主要破损部位和方式各不相同。

防波堤地基的破坏并不多见,但是一旦发生,就是防波堤整体的破坏。长江口深水航道治理工程中间出现的问题就是一个典型的例子。长江口深水航道治理工程在河势条件较优的长江口南港北槽内,采用整治与疏浚结合的方案,建设分流口工程、双导堤及丁坝工程,采用疏浚措施开挖形成并维护深水航道。

该工程规模包括建设堤坝 141.5km,航道水深由治理前的 7m 分三期逐步增深至 8.5m、10m 及 12.5m。2010 年 3 月,长江口全长 92.2km、12.5m 水深、底宽 350～400m 的双向水上高速通道全线贯通。

在 2002 年 11 月到 2003 年 1 月长江口地区经历了几次寒潮和大风。长江口深水航道治理二期工程施工现场遭受强寒潮影响,工程导堤的部分半圆体沉箱发生了剧烈的沉降,丧失了基本的功能。

2.2 循环荷载作用下软黏土地基强度弱化研究现状

2.2.1 长江口波浪对地基土的软化作用及工程措施的研究

根据"长江口深水航道治理工程中波浪对地基土的软化作用及工程措施的研究总报告"(2005 年 5 月,范期锦),在长江口整治工程沉箱出现沉降问题以后,经 2003 年 10 月交通部科技教育司组织专家评审,由长江口航道建设有限公司联合多家单位于同年 11 月与交通部科教司签订了"长江口深水航道治理工程中波浪对地基土的软化作用及工程措施的研究"科技项目合同书,并于 2004 年底完成了该项目的研究。

通过对长江口深水航道治理二期工程整治建筑物工程 N40＋860～N41＋180 段已安装半圆形沉箱在较大风浪作用下剧烈沉陷的现场调查和模拟波浪动荷载作用的原状地基土动/静三轴试验,明确揭示了波浪重复荷载作用下,近表层软黏土发生了严重的强度降低(软化),是现场地基稳定性破坏、结构骤沉的主要原因。

通过对地基土动/静应力水平的计算,结合现场调查资料分析和室内三轴试验成果,初步掌握了地基土在波浪动荷载作用下的软化规律和特点,经研究提出了对局部易软化软黏土层实施预压排水加固、在沉箱底部增设橡胶阻滑板,通过减轻结构自重以减小地基应力等一整套抗地基土软化的工程措施。

通过现场典型施工及试验监测、加固土的室内试验和台风浪的实地检验,验证了所采用的抗地基土软化工程措施的有效性,并通过离心模型试验,验证了结构设计中地基稳定性及地基土变形分析的正确性。

提出了二期整治建筑物工程地基土可能发生软化全部堤段的抗软化结构设计,经交通部审批后实施。研制了海上塑料排水板打设大型专用作业船及塑料排水板打设和砂被铺设施工工艺。全部抗地基土软化结构施工已于2004年完成,并成功经历了多次台风考验。

研究中,创新地提出了解决波浪重复荷载作用下软黏土软化问题的整套工程技术措施,并在实际工程中成功应用。研究手段中,首次通过在室内动三轴试验中模拟施加波浪重复荷载及设计加荷程序,验证工程现场地基破坏现象,提出抗软化关键工程措施。

2.2.2　长江口研究以后循环荷载作用下软黏土的研究进展

"长江口深水航道治理工程中波浪对地基土的软化作用及工程措施的研究总报告"中,对2004年以前国内外相关研究进行了系统的回顾和总结,这里不再重复。"长江口深水航道治理工程中波浪对地基土的软化作用及工程措施的研究"本身是一个里程碑式的成果,详细的内容可以参考其研究报告,这里也不再赘述。下面仅对长江口研究以后国内研究机构开展的类似的研究进行简单总结,以期对本次研究提供必要的思考基础。

循环荷载作用下软黏土强度试验研究,涉及的荷载类型有交通流引起的动荷载与波浪荷载等。例如,赵广辉的硕士学位论文"交通荷载作用下饱和软黏土的孔压特性研究"(2009年),认为孔隙水压力的增长是影响饱和软黏土的动力反应的主要因素。因此,为了准确描述饱和软黏土在交通荷载作用下的性状,进行了室内模型试验以及现场原位监测试验。通过不同循环加载条件下的模型模拟试验、现场原型监测试验及理论分析,研究在交通荷载条件下,超静孔隙水压力累积特性及发展规律,探讨路基软土在循环荷载下产生累积特性的原因和主要影响因素。

龚云强的硕士学位论文"交通荷载作用下结构性黏土动本构关系试验研究"(2008年),以天津地区软黏土为研究对象,着重开展反映交通荷载作用下结构性

22

黏土动力特性的本构模型研究。通过室内动三轴试验,研究了结构性软土的动变形、孔隙水压力及动强度和动应力应变特性。鉴于该软土具有结构性的特点,提出考虑土体结构性破损过程的损伤参量。为了考虑软土结构性的逐渐破损过程,提出反映结构损伤的损伤参量,并建立适应于动荷载作用下结构性软土的边界面损伤模型,易于在土工数值分析时采用。通过比较理论计算与三轴试验结果,验证了其模型的合理性和有效性。

茅加峰等的文章《波浪荷载对箱筒型基础防波堤作用的拟静力模拟研究》(中国港湾建设,2010 年10 月,增刊 1 总第 169 期)中,采用拟静力法等效模拟波浪荷载对箱筒型基础防波堤作用,研制了能够在离心机高速运转条件下施加水平力荷载的作动器,进行了箱筒型基础防波堤离心模型试验,观测了箱筒型基础防波堤的水平位移、沉降和倾斜以及地基中孔隙水压力等反应。结果表明,当水平荷载力大于某一临界值后,荷载位移曲线表现出类似"屈服"的现象,背浪侧和迎浪侧的地基中分别出现正的和负的超静孔压。而修建于软弱地基上的箱筒型基础防波堤主要位移破坏模式为防波堤倾斜过度而失稳。

蔡正银等的文章《波浪荷载作用下箱筒型基础防波堤性状试验研究》(中国港湾建设,2010 年10月,增刊 1 总第 169 期)中,针对箱筒型基础防波堤,开展了土工离心模型试验,探讨了波浪荷载强度、波浪作用持续时间、结构下筒长度和压载等因素对防波堤结构位移模式的影响。试验在离心机高速运转条件下模拟了周期性循环波浪荷载,观测了箱筒型基础防波堤的水平变位、沉降和倾斜以及地基中孔隙水压力等反应。结果发现,修建于给定条件地基上的箱筒型基础防波堤能够很好地抵抗设计荷载强度波浪作用,所发生的沉降、水平变位和倾斜度均不会超出相应的控制值,其主要位移破坏模式为防波堤倾斜过度而失稳或水平变位超出容许值而发生侧向滑动破坏。

波浪—结构—地基之间相互作用的研究在国内外都是一个热门的课题。例如《波浪—结构—地基相互作用理论及应用》一书(范庆来,2011 年,海洋出版社),详细介绍了大圆筒结构在软土地基和恶劣海洋环境条件下的工程应用及其科研情况。其研究实例为长江口导堤试验段工程和曹妃甸大圆筒码头方案。研究的手段是采用 ABQUAS 有限元分析软件,利用有限元原理建立数学模型,对工程方案进行计算分析。该书主要从数值计算的角度对于波浪—结构—地基之间相互作用理论及其在大圆筒结构的应用进行了探讨,特别是对于波浪循环荷载作用下软基上大圆筒结构力学响应的数值模拟。书中的研究工作没有设计专门模型试验进行验证。该书认为,将数值计算、理论分析与模型实验验证相结合,将是本领域一项非常有意义的工作。

2.3 本 章 小 结

软基处理、加固、原位测试技术发展较快,但是波浪作用下的软黏土地基的室内试验研究较少。开展相关的研究需要建立相应的室内土工实验技术,同是大比尺波浪地基水槽实验则还是空白,为此需要展开广泛深入的研究。

在波浪和结构物地基相互作用研究方面,在国际上引起人们的重视,并已开展了大量理论和试验研究,但是目前国内外研究主要处于基础性研究阶段。在条件允许的情况下,采用大比尺或接近于原体的试验对波浪动力、结构和地基的耦合作用进行系统的研究就显得十分重要。

从长江口半圆堤破坏实例出发,试验当中的波浪条件未必一定是极端恶劣的,典型的工况就是大约 5 年一遇的风浪长时间的作用于建筑物和地基,由于地基软黏土强度在循环荷载作用下发生弱化,最终导致破坏。

研究对波浪条件的要求应该是长时间的稳定的波浪条件,造波技术要有效解决造波机的二次反射问题,实现真正意义上的无反射造波。而前面的研究现状表明,无反射造波技术不是轻而易举就能够很好实现的。

研究对于地基模型的要求,就是能够反映在长江口工程中出现的循环荷载作用下软黏土强度弱化的现象,从而能够使研究从现象相似逐渐发展到数据相似,最终可以解决工程实际问题。

3 大比尺波浪水槽造波技术

大比尺波浪水槽试验,关键技术之一是波浪的模拟测试技术。利用大型造波机在大水槽中模拟出满足要求的波浪是物理模型试验的前提条件。

3.1 传统造波技术

板前波浪示意图如图 3-1 所示。

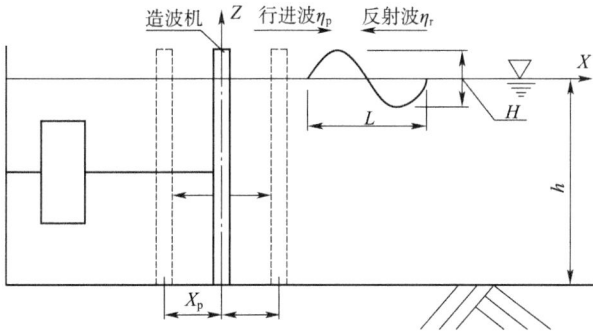

图 3-1　板前波浪示意图

假定流体无黏性、不可压缩、无旋转,造波机的运动相对于波浪的传播为小量,则造波机产生波浪的控制方程为 Laplace 方程,波浪的运动过程为 x-z 平面内的二维运动:

$$\Phi_{xx} + \Phi_{zz} = 0 \qquad 0 \leqslant x < \infty, \ -h \leqslant z \leqslant 0 \qquad (3\text{-}1)$$

式中,$\Phi(x,z,t)$ 为速度势函数,Φ 满足以下边界条件:

$$\Phi_z = 0 ; z = -h \qquad (3\text{-}2)$$

$$\Phi_{tt} + g\Phi_z = 0 ; z = 0 \qquad (3\text{-}3)$$

$$\Phi_x = x_t ; x = 0 \qquad (3\text{-}4)$$

$$\eta_t = -\frac{1}{g}\Phi_t ; z = 0 \qquad (3\text{-}5)$$

式中,x_t 为造波机的运动位移过程;η_t 为水面相对于静水面的高度变化过程;g 为重力加速度。

25

$\Phi(x,z,t)$在无限远处满足散射条件：

$$\Phi \to 行进波(x \to \infty)\qquad(3\text{-}6)$$

其中，x、z为x、z方向上的变量；t为时间变量。

在没有反射波存在的情况下，为了产生频率为ω的波浪，假定造波机的运动为一简谐运动$X_1(t)$，即：

$$X_1(t) = A\exp(i\omega t)\qquad(3\text{-}7)$$

式中，A为造波机运动的振幅，采用线性波理论，方程(3-1)~方程(3-6)的解为：

$$\Phi(x,z,t) = -AQF(z)\exp\{-i(kx-\omega t)\} + \sum_1^\infty iAD_nG_n(z)\exp(-k_nx+i\omega t)\qquad(3\text{-}8)$$

其中：

$$Q = \frac{4\,\mathrm{sh}^2 kh}{2kh + \sin 2kh}\qquad(3\text{-}9)$$

$$F(z) = \frac{g}{\omega}\frac{\mathrm{ch}k(z+h)}{\mathrm{ch}kh}\qquad(3\text{-}10)$$

$$D_n = \frac{4\,\sin^2 k_n h}{2k_n h + \sin^2 k_n h}\qquad(3\text{-}11)$$

$$G_n(z) = \frac{g}{\omega}\frac{\cos k_n(z+h)}{\cos k_n h}\qquad(3\text{-}12)$$

式中，h为水深；波速k和虚波数k_n满足下列色散公式：

$$\frac{\omega^2}{g} = k\tanh kh = k_n\tan k_n h\qquad(3\text{-}13)$$

式(3-8)中右边第二项，当x很大时，相应虚部即水面变化趋于零，转化可得造波机行进波η_1为：

$$\eta_1(x,t) = \frac{1}{g}\frac{\partial\Phi}{\partial t} = iAQ\exp[-i(kx-\omega t)]\qquad(3\text{-}14)$$

可见，函数Q为行进波的振幅与造波板运动振幅的比值，称为造波机系统的水动力传递函数。

3.2 吸收式造波原理

吸收式造波技术的基本原理是通过在造波板前设置波高传感器，实时采样水面过程，进行入反射分离，针对反射波产生一个相位相反、幅度相等的"负波"，以消除二次反射波。因此需要对造波板的运动与水面过程进行分析。

26

现假定水槽中存在着一列向造波机推进的反射波 η_r，造波机的动作就是要消除该列波，可见造波机要产生一与 η_r 相位相反，幅值相等的波浪。

造波板用于吸收 η_r 对应产生的运动为：

$$X_r(t) = A_r \exp(iwt) \tag{3-15}$$

$$\Phi_r(x,z,t) = A_r Q F(z) \exp\{i(kx+\omega t)\} + \sum_{n=1}^{\infty} iA_r D_n G_n(z) \exp(-k_n x + i\omega t) \tag{3-16}$$

考虑吸收波的同时，产生一期望的推进波 η_1，则造波机的运动：

$$X(t) = X_1(t) + X_r(t) = (A_1 + A_r)\exp(i\omega t) = A\exp(i\omega t) \tag{3-17}$$

此时：

$$\Phi(x,z,t) = Q F(z)\{A_r \exp[i(kx+\omega t)] - A_1 \exp[-i(kx-\omega t)]\} +$$

$$\sum_{n=1}^{\infty} iAD_n G(z)\exp(-k_n x + i\omega t) \tag{3-18}$$

则在 $x=0, z=0$ 处造波机前的水面波动 η 为：

$$\eta = \left(-\frac{1}{g}\frac{\partial \Phi}{\partial t}\right)_{x=0,z=0} = iQ(X_1 - X_r)\exp(i\omega t) + DX \tag{3-19}$$

$$D = \sum_{n=1}^{\infty} D_n$$

由于产生所需波浪的造波运动 X_1 是已知的，可用 X_1 与 X 表达式(3-19)，得：

$$\eta_m(t) = iQ(zX_1 - X) + DX \tag{3-20}$$

造波机处 $x=0$，并由式(3-14)式(3-17)，得：

$$\frac{\partial X}{\partial t} = i\omega X \text{ 和 } \eta_1 = iQX_1 \tag{3-21}$$

代入式(3-20)，得：

$$\frac{\partial X}{\partial t} = \frac{\omega}{Q}(2\eta_1 - \eta_m + DX) \tag{3-22}$$

式中，η_1 已知，η_m 可通过固定在造波机上的波高仪测定。可见可通过求解该方程，得到每时刻(实时)用于产生预期波浪并同时吸收反射波浪的造波机信号。

在初值为零的基础上，造波板的位移为：

$$X(t) = \int_0^t \frac{\partial x}{\partial t}dt = \int_0^t \frac{\omega}{Q}[2\eta_1(t) - \eta_m(t) + DX]dt \tag{3-23}$$

由于 Q、D 都是频率 f 的函数，而且处理包括无穷数量的不同频率组分的 DX 需要特别的处理技术，在我们的研究范围内 D 与 ω^2 呈一比例，因而通过导数得到：

$$DX = \left(-\frac{D}{\omega^2}\right)X_{tt} = \hat{D}X_{tt} \tag{3-24}$$

当模拟不规则波时，式(3-23)中的 Q 也是由不同频率组分组成的，如果我们的

水槽模拟的是 $0.1 \sim 1\text{Hz}$ 范围内的波浪,就应对该频率范围的波浪都有较好的吸收,此时采用某一个频率是不合理的,通过分析,可以得到 ω/A 在频率范围内处于一个相对稳定的数值,因此可将式(3-22)写为:

$$\frac{\partial X}{\partial t} = \left(\frac{\omega'}{Q'}\right)\left(2\eta_1 - \eta_m + \hat{D}X_{tt}\right) \tag{3-25}$$

同样式(3-23)可写为:

$$X(t) = \int_0^t \frac{\partial x}{\partial t}\mathrm{d}t = \int_0^t \frac{\omega'}{Q'}[2\eta_1(t) - \eta_w(t) + \hat{D}X_{tt}]\mathrm{d}t \tag{3-26}$$

进一步分析式(3-26)有:

$$X = \int_0^t \frac{\omega'}{Q'}[2\eta_1(t) - \eta_m(t)]\mathrm{d}t + \int_0^t \frac{\omega'}{Q'}\hat{D}X_{tt}\mathrm{d}t \tag{3-27}$$

式(3-27)右边第一项 $\frac{\omega'}{Q'}$ 表现为常数,η_1、η_m 均为已知项,其求解是简单的。

式(3-27)右边第二项,同样 $\frac{\omega'}{Q'}$ 表现为常数,$\hat{D} = -\frac{D}{\omega^2}$ 也近似为一常数,则:

$$\int_0^t \frac{t\omega'}{A'}\hat{D}X_{tt}\mathrm{d}t = k\int_0^t X_{tt}\mathrm{d}t = KX_t + C \tag{3-28}$$

$$K = \frac{\omega'}{Q'}\hat{D}$$

由于 X_t 表达为该时刻的速度,用上一时刻的 X_t 来表达,取前一时刻:

$$X_{t\,0} = \frac{\omega'}{Q'}(2\eta_1^0 - \eta_m^0) \tag{3-29}$$

同时在积分过程中,常数 C 将表现为一个误差积累过程,该误差主要是初值的误差以及过程中多种误差的积分,对于一个相对无限长的时间 T,有 $\frac{X}{T} \to 0$,亦即:

$$\frac{1}{T}\int_0^T \eta_1 = 0 \quad \frac{1}{T}\int_0^T \eta_m = 0 \tag{3-30}$$

同样,用 AV 表达有限时间的 $\frac{X}{T}$,即:

$$AV = \frac{X}{T} \tag{3-31}$$

则:

$$\int_0^T X - AV = 0 \tag{3-32}$$

由此,取过程系数:

$$e_i^n = e_0 + \sum_{i=1}^{n} P^{n-i} \qquad (3\text{-}33)$$

则：

$$(DX)^n = (DX)^{n-1}\left[e_i^n \times (1-\beta)\right] + k_n' \cdot \beta \qquad (3\text{-}34)$$

$$k_n' = \frac{\omega'}{Q'}\hat{D}(2\eta_I^{n-1} - y_m^{n-1}) \qquad (3\text{-}35)$$

3.3 造波机系统组成与工作原理

造波机系统主要由机械装置、驱动系统、控制系统、波高仪、造波水槽及消波装置五部分组成。

机械装置主要包括推波板及其框架、推波板连接架、机体、支撑横梁、防尘盖等，这部分是产生波浪的金属结构件，是依据波浪理论和拟实现波浪的技术指标来设计的。波浪的产生是靠推波板的往复运动来实现的，波高取决于推波板的行程和速度，波长则取决于往复运动的频率。

造波机工作中的惯性力是有害的，应尽量减少惯性力。由于水深和造波机运动参数是由试验项目决定的，故只有降低运动部件的质量和转动惯量才能减少惯性力。为此，在结构的设计中采用了刚度大、尺寸小结构，容易保证加工精度的结构。

驱动装置由交流伺服电机、齿轮齿条直线运动单元组成，直线运动单元的直线往复运动，由伺服电机直接驱动滚珠丝杠旋转，经丝杠螺母转化为直线运动来实现。

交流伺服电机的主要优点是体积小，质量轻，无碳刷，转动惯量小，动态响应快，传动精度高，运行可靠，能很好地满足规则波及不规则波的造波要求。交流伺服驱动系统为闭环控制，驱动器直接对电机编码器反馈信号进行采样，内部构成位置环和速度环，因此不会出现电机的丢步或过冲的现象，控制性能更为可靠，使得造波机能够十分精确地控制波浪的周期；交流伺服电机的加速性能好，能很好地满足不规则波的波浪谱要求。

齿轮齿条的优点：传动效率高、运动平稳、高精度、高耐用性、同步性好、高可靠性。采用交流伺服电机的直线运动单元，较之液压驱动有多方面的好处：控制精度更高，随动性更好；可靠性更好，维护简单，没有漏油问题，运行中无环境污染；结构更紧凑，占地面积小；效率高、节省能源，只有在电机运行时才能耗电，等待执行时不耗费能源。

控制系统是造波机系统的核心，其控制交流伺服电机转动，伺服电机带动推波板做水平往复直线运动，推波板推动水槽中的水体产生波浪。当伺服电机的转速和转向改变时,推波板的运动幅度和频率也随之改变,因此波浪的幅值和频率同时改变,从而达到调频调幅的目的。伺服电机轴上的旋转编码器与伺服驱动器组成闭环控制。在推波板前设置波高传感器,实时采样板前水面过程,进行入反射分离,提取反射波以进行吸收式造波。

造波机部分照片见图 3-2 ~ 图 3-6。

图 3-2　造波机正面图

图 3-3　造波机背面图

图 3-4　造波机滑轨图

图 3-5　造波机齿轮齿条图

图 3-6　造波机伺服电机和齿轮箱图

3.4　造波能力计算、功率需求和总力论证

在给定水深范围、周期范围、要求的最大波高等水工条件下,计算出理论上该造波机所需的最大行程、最大速度、最大加速度、总力(最大机械惯性力 + 最大水作用力)和最大功率,为造波机的元件选型和结构设计提供的必要的理论依据。

由理论计算出的数据一般偏大,根据理论数据,结合实际工程需要和伺服电机的规格,首先要确定一个合理的伺服电机功率(或者扭矩),以及导轨的长度等参数,然后根据结构设计中初步确定的运动部件质量、传动比等参数,推算出该造波机可以产生的最大推力,由此推力再计算出该造波机可以实现的造波范围,并根据计算的结果,进一步优化和修改设计。

3.4.1　设计(理论)参数的计算方法

(1)给定水深 h 和周期 T。

(2)计算波长:$L = L_0 \text{th}\left(\dfrac{2\pi h}{L}\right)$,其中,$L_0 = \dfrac{gT^2}{2\pi}$。

(3)计算传递函数 A:$A = \dfrac{H}{S} = \dfrac{4\text{sh}^2(kh)}{\text{sh}(2kh) + 2kh}$,其中,$k = \dfrac{2\pi}{L}$。

(4)计算 m_A:$m_A = \displaystyle\sum_{n=1}^{\infty} \dfrac{4\rho \sin^2(k_n h)}{k_n^2 \left[\sin(2k_n h) + 2k_n h\right]}$,其中,$k_n$ 由 $\omega^2 = -gk\tan k_n h$ 得出。

(5)计算 D_A:$D_A = \dfrac{4\omega\rho \text{sh}^2(kh)}{k^2 \left[\text{sh}(2kh) + 2kh\right]}$,其中,$k = \dfrac{2\pi}{L}$。

(6)最大波高 H 的计算。

①不同水深周期下的理论波高(破碎波高):

$$H_b = q \cdot L_0 \cdot \text{th}\left(\frac{2\pi}{L}h\right) = qL$$

其中,q 为波浪陡度,$q = \dfrac{H}{L}$,$q = \dfrac{1}{30} \sim \dfrac{1}{7}$,这里取 $q = \dfrac{1}{7}$。

②受水深限制的波高:

$H_{0.55h}$ 为某一水深下的最大波高(m),$H_{0.55h} = 0.55h$。

③实际使用的最大波高 $H_用$:

$$H_用 = \min\{H_b, H_{0.55h}, H_要\}$$

式中,$H_要$ 为要求达到的最大波高,这里取 3.5m。

(7)最大行程 S_m 的计算：

$$S_m = \frac{H_用}{A}$$

(8)推波板最大运动速度 V_m 的计算：

$$V_m = \frac{\pi}{TA}H_用$$

(9)最大加速度 a_m 的计算：

$$a_m = \frac{2\pi^2}{TA}H_用$$

(10)最大力 F_m 的计算。
①最大机械惯性力的 F_{im} 计算：

$$F_{im} = \frac{2m\pi^2}{T^2 A}H_用$$

其中, m 为运动部分的质量。
②最大水体惯性力的 F_{lm} 计算：

$$F_{lm} = \frac{4\pi^2 m_A l}{T^2 A}H_用$$

③最大波压力 F_{pm} ：

$$F_{pm} = \frac{2\pi D_A l}{TA}H_用$$

④最大总力 F_m 的计算：

$$F_m = \sqrt{(F_{im} + F_{lm})^2 + F_p^2} = H_用 \sqrt{\left(\frac{2\pi^2 m}{T^2 A} + \frac{4\pi m_A l}{T^2 A}\right)^2 + \left(\frac{2\pi D_A l}{TA}\right)^2}$$

(11)最大功率 P_m 的计算：

$$P_m = \frac{V}{2}(F_m + F_{Pm}) = H_用 \frac{\pi}{2TA}\left[\sqrt{(F_{im} + F_{lm})^2 + F_{Pm}^2} + F_{Pm}\right]$$

3.4.2 造波能力的计算方法

上述的计算是为造波机的设计、元件选型提供依据,是为了确定合适的最大行程(导轨长度)、合理的最大速度(电机选型)和最大功率(电机选型)、结构设计而进行的。待设计和选型完成后,还要计算造波机的造波能力,并绘制出该造波机可实现的波高范围的曲线。

（1）给定水深 h 和周期 T 。

（2）计算 L_0 、L 、A 、m_A 、D_A 。

（3）破碎波高 H_b 的计算：

$$H_b = q \cdot L_0 \cdot \text{th}(kh) = qL$$

（4）在限定最大行程下可实现的最大波高 H_s ：

$$H_s = AS_m$$

这里 S_m 为限定值，即为常数，取 $S_m = 10\text{m}$ 。

（5）在限定最大速度下可实现的最大波高 H_v ：

$$H_v = \frac{T \cdot A \cdot V_m}{\pi}$$

这里 V_m 为限定值，即为常数，取 $V_m = 1.8\text{m/s}$ 。

（6）在限定最大推力下或限定最大功率下可实现最大波高的计算方法。

①在限定最大功率下可实现的最大波高 H_P 的计算。

由电机功率计算波高 H_P ：

$$H_P = \sqrt{\frac{P_m}{\frac{\pi}{TA}\left[\sqrt{\left(\frac{2\pi^2 m}{T^2 A} + \frac{2\pi m_A l}{TA}\right)^2 + \left(\frac{2\pi D_A l}{TA}\right)^2} + \left(\frac{2\pi D_A l}{TA}\right)\right]}}$$

由 H_b 、H_S 、H_V 、H_P 确定一个造波机可以实现的波高区域，即：

$$H = \min\{H_b, \ H_S, \ H_V, \ H_P\}$$

再将这个波高带入最大力公式：

$$F_m = H\sqrt{\left(\frac{2\pi^2 m}{T^2 A} + \frac{4\pi m_A l}{T^2 A}\right)^2 + \left(\frac{2\pi D_A l}{TA}\right)^2}$$

计算出该造波机可实现波高区域所需的最大力 F_m 。

②在限定最大力下可实现的最大波高 H_F 的计算。

在给定 S_m 或 V_m ，或者在某一个条件下，算出各个水深周期下的 F_m 序列，在此序列中找出某个水深周期下的力 F_m ，用此力作为限定值，计算出在力限定下的波高序列 H_F 。

或者：因为伺服电机输出的是扭矩，其功率只是一个推算值，因此用伺服电机扭矩来计算更为合理。根据机械传动结构，可由伺服电机的最大输出扭矩计算出该造波机可产生的最大推力，由最大（推）力可计算出在限定最大力下可实现的最大波高 H_F ，公式为：

$$H_F = \frac{F_m}{\sqrt{\left(\dfrac{2\pi^2 m}{T^2 A} + \dfrac{2\pi m_A l}{TA}\right)^2 + \left(\dfrac{2\pi D_A l}{TA}\right)^2}}$$

再由 H_b、H_S、H_v、H_F 确定一个造波机可以实现的波高区域,即:

$$H = \min\{H_b, H_S, H_V, H_F\}$$

再将这个波高带入最大功率公式:

$$P_m = H^2 \frac{\pi}{TA}\left[\sqrt{\left(\frac{2\pi^2 m}{T^2 A} + \frac{2\pi m_A l}{TA}\right)^2 + \left(\frac{2\pi D_A l}{TA}\right)^2} + \left(\frac{2\pi D_A l}{TA}\right)\right]$$

计算出该造波机可实现波高区域所需的最大功率 P_m。

(7)造波曲线的绘制。

在某一水深下,以周期为横坐标,将 H_b-T、H_S-T、H_v-T、H_P(或 H_F)-T 绘制在同一坐标中,这四条曲线所共有的下方,即为该造波可以实现的造波区域。

3.4.3 造波机参数的计算与参数的确定

(1)理论参数计算结果。

给定水深范围为 3.2 ~ 8m。

大水槽造波机安装处的设计最大水深为 8m,试验段的最大水深为 5m,有 3m 的升波段,因此计算 3m 以下水深时的造波情况无意义,故给定的计算水深范围为 3.2 ~ 8m。

给定周期范围为 0.5 ~ 10s(还可扩大)。经计算,在造规则波情况下,理论参数如下:所需最大行程 6.6m;所需最大速度 2m/s;所需最大推力 1234430 N;所需最大功率 2262710 W。

(2)设计参数的确定。

因在满足理论参数的情况下所造出的波远大于工程要求,因此可根据实际情况来确定更为合理的参数。

①最大行程的确定:计算结果为 6.6m,考虑不规则波的造波和吸收式造波,最大行程取 10m(±5m),因该造波机造波零点可调,这只是造波机在两端的极限位置的情况,当造波零点和机械零点重合时,其可用行程范围会远远大于 10m (±5m),以满足特殊情况下的要求。

②最大速度的确定:结合机械结构的实际情况,取 1.8 ~ 2m/s。

③电机功率的确定:根据招标文件要求,结合实际情况,造波机总功率不超过 1560kW。

综合考虑各方面性能要求,选择电机功率为 $251kW \times 6 = 1506kW$。

(3)造波能力的计算。

在 1506kW 的总功率条件下,可产生 1070kN 的总推力,用 1070kN 的总推力计算,得出该造波机的造波能力曲线,见图 3-7。

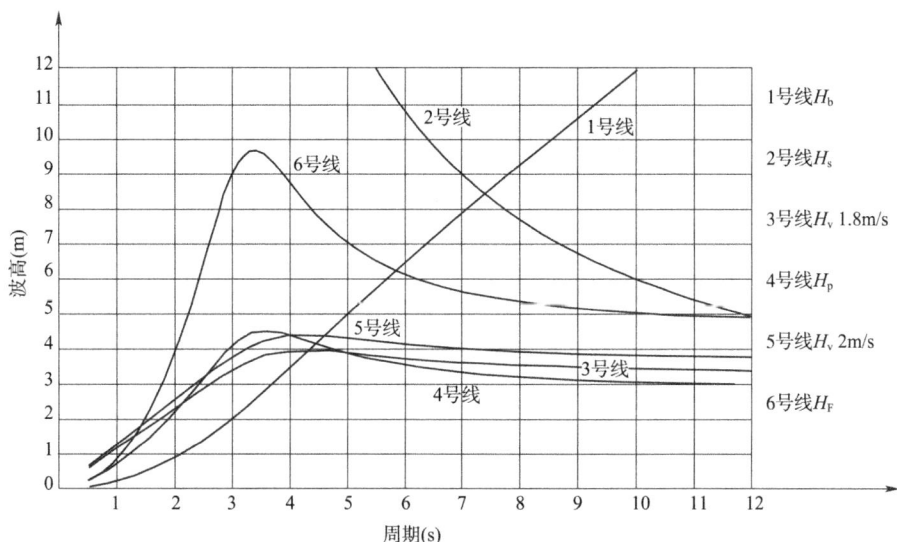

图 3-7 造波机的造波能力曲线($h = 8m$)

曲线说明:1 号线,破碎波高 H_b;2 号线,行程(10m)限定下的波高 H_s;3 号线,限定速度为 1.8m/s 下的波高 H_v;4 号线,限定最大功率(1506kW)的波高 H_p。在这四条曲线下,在板前即可实现 3.5m 波高的周期范围为 4.1 ~ 6.1s。

该电机输出的扭矩可达 3196N·m,折算成总推力为 135kN。按此力再画一条 H_F 曲线,见图 3-7 中 6 号曲线。再画一条最大限定速度改为 2m/s 下(电机可达到)的波高 H_v 曲线(见图 3-7 中 5 号曲线)。

各种情况下的造波范围见表 3-1。

各种情况下的造波范围 表 3-1

条　　件	可实现 3.5m 波高的周期范围(s)
$h = 8m$、$F = 1070kN$、$V = 1.8m/s$、$S = 10m$	4.1 ~ 6.1
$h = 8m$、$F = 1070kN$、$V = 2m/s$、$S = 10m$	4.1 ~ 6.1
$h = 8m$、$F = 1350kN$、$V = 1.8m/s$、$S = 10m$	4.1 ~ 8.4
$h = 8m$、$F = 1350kN$、$V = 2m/s$、$S = 10m$	4.1 ~ 10

水深 4m、5m、6m、7m 情况下的造波能力曲线见图 3-8 ~ 图 3-11。

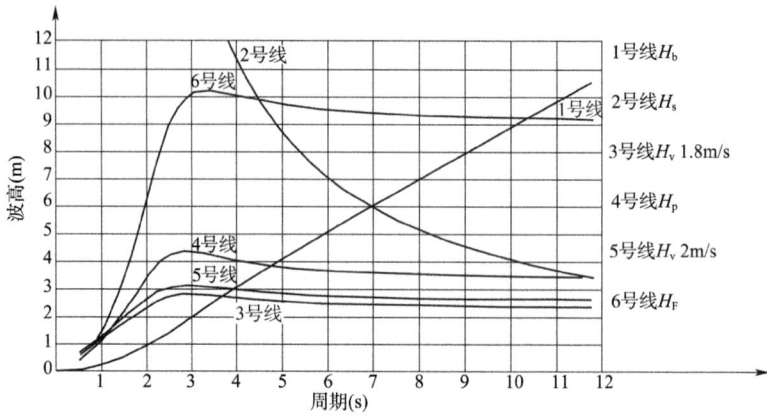

图 3-8　造波机的造波能力曲线（$h=4$m）

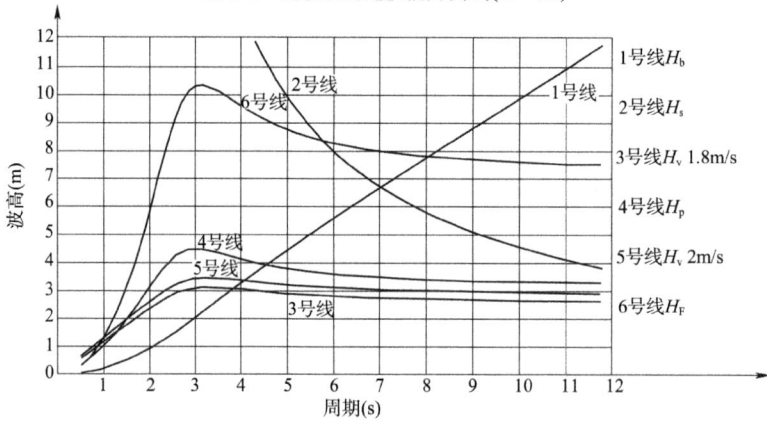

图 3-9　造波机的造波能力曲线（$h=5$m）

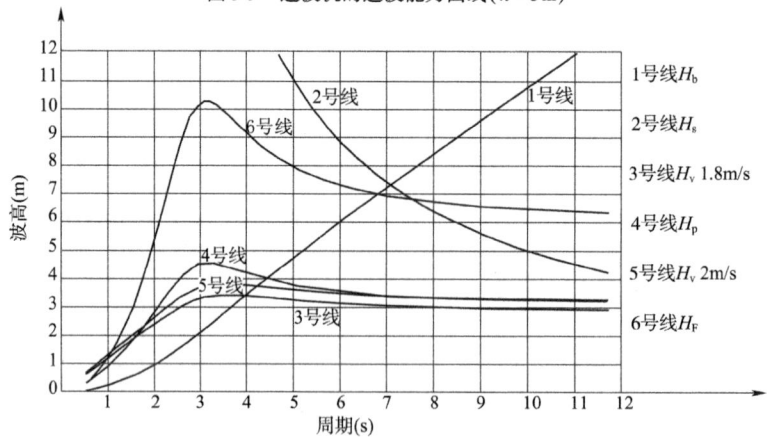

图 3-10　造波机的造波能力曲线（$h=6$m）

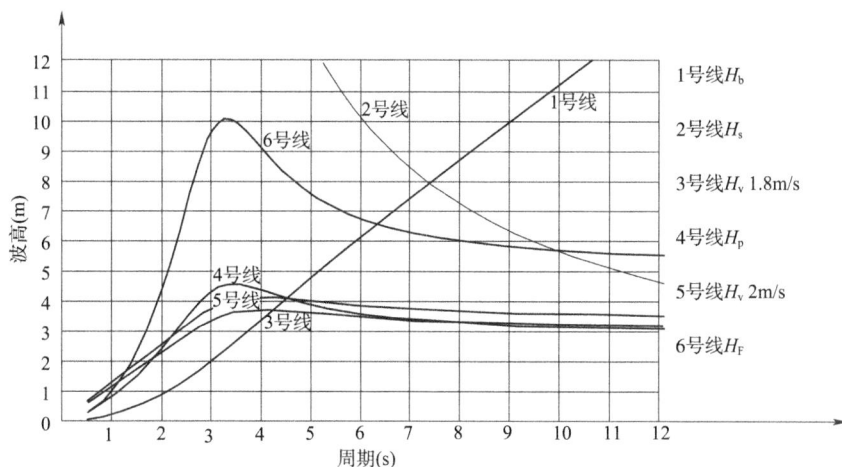

图 3-11　造波机的造波能力曲线($h = 7m$)

3.4.4　功率需求

(1)伺服电机功率: $403 \times 4 = 1612kW$;

(2)24VDC 功率: $0.6kW$;

(3)控制系统用电: $10kW$。

总计:约 $1623kW$。

3.4.5　总力的论证

根据前面的论证,确定的电机总功率为 $251kW \times 6 = 1506kW$,经计算,总力为 $1070kN$。

3.5　造波能力测试

本次试验的重点在于观察波浪循环荷载长时间作用于地基以后,地基中的软黏土能否发生强度弱化现象。为了简化试验,所有试验均采用规则波进行。试验对波浪条件的要求主要是长时间稳定。经过大量的测试工作后达到了试验的目的,为软黏土试验提供了技术上的支持。

3.5.1　规则波组次 01

目标波高, $0.3m$;目标周期, $1.8s$;测试水深, $6.97m$(造波机段)。测试分析采

用11号电阻式波高传感器,传感器距水槽西侧内壁87m。相关结果见表3-2 ~
表3-5、图3-12。

规则波组次01造波机控制输入参数 表3-2

波高(m)	周期(s)	水深(m)
0.300	1.800	6.970

规则波组次01均匀性测试分析结果 表3-3

实测值1					均匀性	
造波机行程(m)	平均波高(m)	平均周期(s)	最大波高(m)	最大周期(s)	波高偏差(%)	周期偏差(%)
0.168	0.294	1.800	0.304	1.850	3.33	2.78

规则波组次01当天重复性测试分析结果 表3-4

实测值1		实测值2		当天重复性	
平均波高(m)	平均周期(s)	平均波高(m)	平均周期(s)	波高偏差(%)	周期偏差(%)
0.294	1.800	0.287	1.800	−2.51	0.00

规则波组次01隔天重复性测试分析结果 表3-5

实测值1		实测值3(隔天)		隔天重复性	
平均波高(m)	平均周期(s)	平均波高(m)	平均周期(s)	波高偏差(%)	周期偏差(%)
0.294	1.800	0.285	1.813	−3.19	0.72

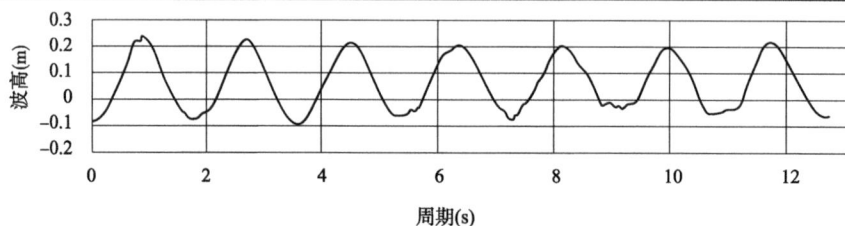

图3-12 规则波组次01均匀性测试代表波形图

3.5.2 规则波组次02

目标波高,0.5m;目标周期,1s;测试水深,6.97m(造波机段)。测试分析采用
11号电阻式波高传感器,传感器距水槽西侧内壁87m。相关结果见表3-6 ~
表3-9、图3-13。

规则波组次 02 造波机控制输入参数　　　　　表 3-6

波高（m）	周期（s）	水深（m）
0.500	1.000	6.970

规则波组次 02 均匀性测试分析结果　　　　　表 3-7

实测值 1					均匀性	
造波机行程 （m）	平均波高 （m）	平均周期 （s）	最大波高 （m）	最大周期 （s）	波高偏差 （%）	周期偏差 （%）
0.319	0.511	2.011	0.528	2.050	3.29	1.94

规则波组次 02 当天重复性测试分析结果　　　　　表 3-8

实测值 1		实测值 2		当天重复性	
平均波高（m）	平均周期（s）	平均波高（m）	平均周期（s）	波高偏差（%）	周期偏差（%）
0.5113	2.011	0.5046	2.011	− 1.31	0.00

规则波组次 02 隔天重复性测试分析结果　　　　　表 3-9

实测值 1		实测值 3（隔天）		隔天重复性	
平均波高（m）	平均周期（s）	平均波高（m）	平均周期（s）	波高偏差（%）	周期偏差（%）
0.511	2.011	0.508	2.017	− 0.59	0.30

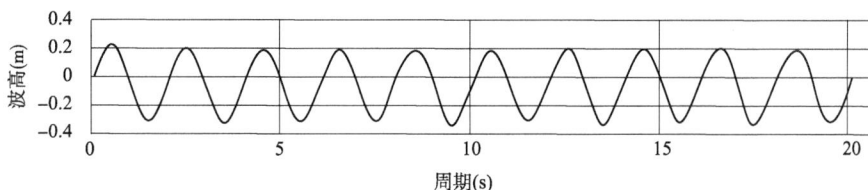

图 3-13　规则波组次 02 均匀性测试代表波形图

3.5.3　规则波组次 03

目标波高,0.7m;目标周期,2.5s;测试水深,6.97m(造波机段)。测试分析采用 11 号电阻式波高传感器,传感器距水槽西侧内壁 87m。相关结果见表 3-10 ~ 表 3-13、图 3-14。

规则波组次 03 造波机控制输入参数　　　　　表 3-10

波高（m）	周期（s）	水深（m）
0.700	2.500	6.970

规则波组次 03 均匀性测试分析结果 表 3-11

实测值 1					均匀性	
造波机行程（m）	平均波高（m）	平均周期（s）	最大波高（m）	最大周期（s）	波高偏差（%）	周期偏差（%）
0.427	0.689	2.511	0.721	2.550	4.68	1.55

规则波组次 03 当天重复性测试分析结果 表 3-12

实测值 1		实测值 2		当天重复性	
平均波高（m）	平均周期（s）	平均波高（m）	平均周期（s）	波高偏差（%）	周期偏差（%）
0.6886	2.511	0.7154	2.506	3.89	−0.20

规则波组次 03 隔天重复性测试分析结果 表 3-13

实测值 1		实测值 3（隔天）		隔天重复性	
平均波高（m）	平均周期（s）	平均波高（m）	平均周期（s）	波高偏差（%）	周期偏差（%）
0.689	2.511	0.704	2.506	2.25	−0.20

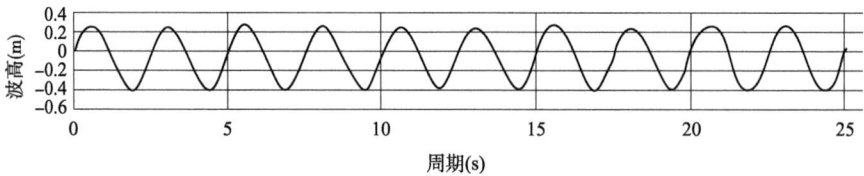

图 3-14　规则波组次 03 均匀性测试代表波形图

3.5.4　规则波组次 04

目标波高,1m;目标周期,3s;测试水深,6.97m(造波机段)。测试分析采用 11 号电阻式波高传感器,传感器距水槽西侧内壁 87m。相关结果见表 3-14 ~ 表 3-17、图 3-15。

规则波组次 04 造波机控制输入参数 表 3-14

波高（m）	周期（s）	水深（m）
1.000	3.000	6.970

规则波组次 04 均匀性测试分析结果 表 3-15

实测值 1					均匀性	
造波机行程（m）	平均波高（m）	平均周期（s）	最大波高（m）	最大周期（s）	波高偏差（%）	周期偏差（%）
0.635	0.992	3.011	1.005	3.050	1.31	1.30

规则波组次 04 当天重复性测试分析结果　　表 3-16

实测值 1		实测值 2		当天重复性	
平均波高(m)	平均周期(s)	平均波高(m)	平均周期(s)	波高偏差(%)	周期偏差(%)
0.992	3.011	0.978	3.011	−1.41	0.00

规则波组次 04 隔天重复性测试分析结果　　表 3-17

实测值 1		实测值 3(隔天)		隔天重复性	
平均波高(m)	平均周期(s)	平均波高(m)	平均周期(s)	波高偏差(%)	周期偏差(%)
0.992	3.011	0.978	3.006	−1.37	−0.18

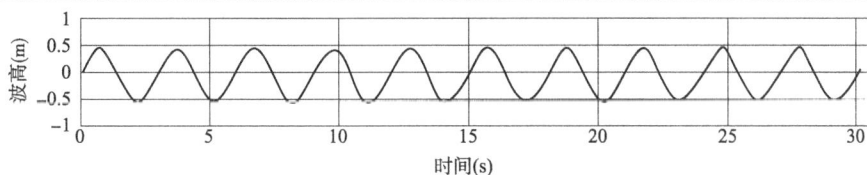

图 3-15　规则波组次 04 均匀性测试代表波形图

3.5.5　规则波组次 05

目标波高,1.5m;目标周期,3.5s;测试水深,6.97m(造波机段)。测试分析采用 11 号电阻式波高传感器,传感器距水槽西侧内壁 87m。相关结果见表 3-18 ~ 表 3-21、图 3-16。

规则波组次 05 造波机控制输入参数　　表 3-18

波高(m)	周期(s)	水深(m)
1.500	3.500	6.970

规则波组次 05 均匀性测试分析结果　　表 3-19

实测值 1					均匀性	
造波机行程 (m)	平均波高 (m)	平均周期 (s)	最大波高 (m)	最大周期 (s)	波高偏差 (%)	周期偏差 (%)
1.059	1.500	3.506	1.522	3.550	1.50	1.25

规则波组次 05 当天重复性测试分析结果　　表 3-20

实测值 1		实测值 2		当天重复性	
平均波高(m)	平均周期(s)	平均波高(m)	平均周期(s)	波高偏差(%)	周期偏差(%)
1.4995	3.506	1.511	3.5	0.77	−0.17

规则波组次 05 隔天重复性测试分析结果　　　　　　表 3-21

实测值 1		实测值 3(隔天)		隔天重复性	
平均波高(m)	平均周期(s)	平均波高(m)	平均周期(s)	波高偏差(%)	周期偏差(%)
1.500	3.506	1.489	3.506	-0.70	0.00

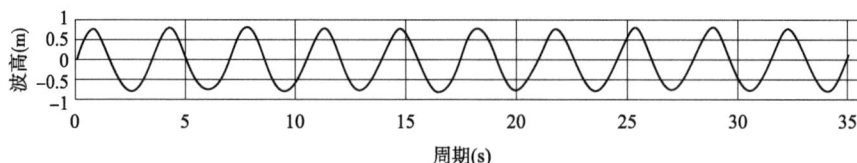

图 3-16　规则波组次 05 均匀性测试代表波形图

3.5.6　规则波组次 06

目标波高,1.8m;目标周期,4s;测试水深,6.97m(造波机段)。测试分析采用 11 号电阻式波高传感器,传感器距水槽西侧内壁 87m。相关结果见表 3-22 ~ 表 3-25、图 3-17。

规则波组次 06 造波机控制输入参数　　　　　　表 3-22

波高(m)	周期(s)	水深(m)
1.800	4.000	6.970

规则波组次 06 均匀性测试分析结果　　　　　　表 3-23

实测值 1					均匀性	
造波机行程 (m)	平均波高 (m)	平均周期 (s)	最大波高 (m)	最大周期 (s)	波高偏差 (%)	周期偏差 (%)
1.321	1.718	4.006	1.797	4.050	4.58	1.11

规则波组次 06 当天重复性测试分析结果　　　　　　表 3-24

实测值 1		实测值 2		当天重复性	
平均波高(m)	平均周期(s)	平均波高(m)	平均周期(s)	波高偏差(%)	周期偏差(%)
1.718	4.006	1.743	4.006	1.48	0.00

规则波组次 06 隔天重复性测试分析结果　　　　　　表 3-25

实测值 1		实测值 3(隔天)		隔天重复性	
平均波高(m)	平均周期(s)	平均波高(m)	平均周期(s)	波高偏差(%)	周期偏差(%)
1.718	4.006	1.718	4.006	-0.01	0.00

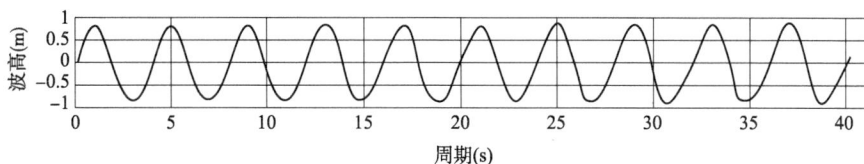

图 3-17 规则波组次 06 均匀性测试代表波形图

3.5.7 长时间造波试验

目标波高,0.3m;目标周期,3.5s;测试水深,5.19m(造波机段)。测试分析采用试验段波高传感器,传感器测量得到的波形图详见图 3-18 ~ 图 3-21。图 3-18 是整个试验过程中水位的变化过程。图 3-19 是波高逐渐增大的过程,图 3-20 是稳定以后的波高,图 3-21 是稳定以后的波形。

试验数据表明,试验过程中模型前面的波高基本上是稳定的,造波机有效地吸收了模型对波浪的二次反射。在此波浪条件下可以开展波浪建筑物地基长时间相互作用的物理模型试验。

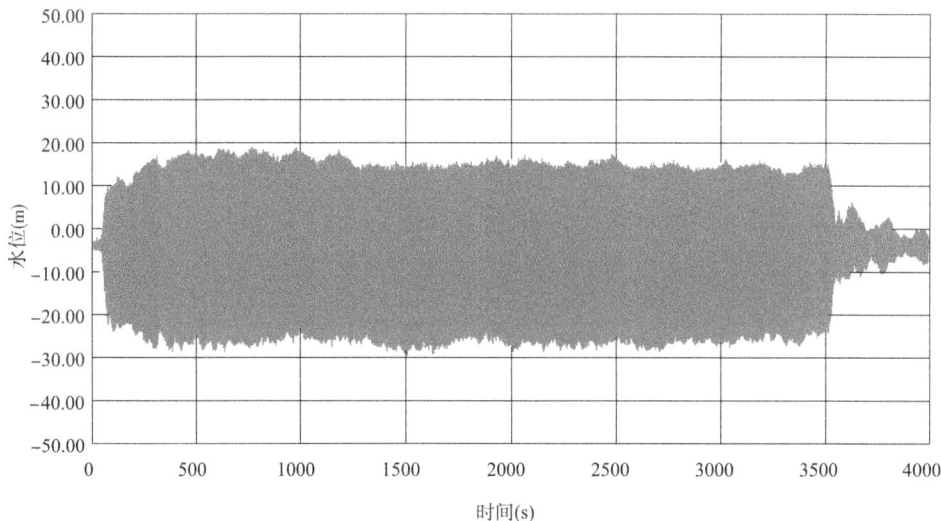

图 3-18 规则波长时间造波试验波形图(0 ~ 4000s)

水深 2.19m,波高 0.3m,周期 3.5s

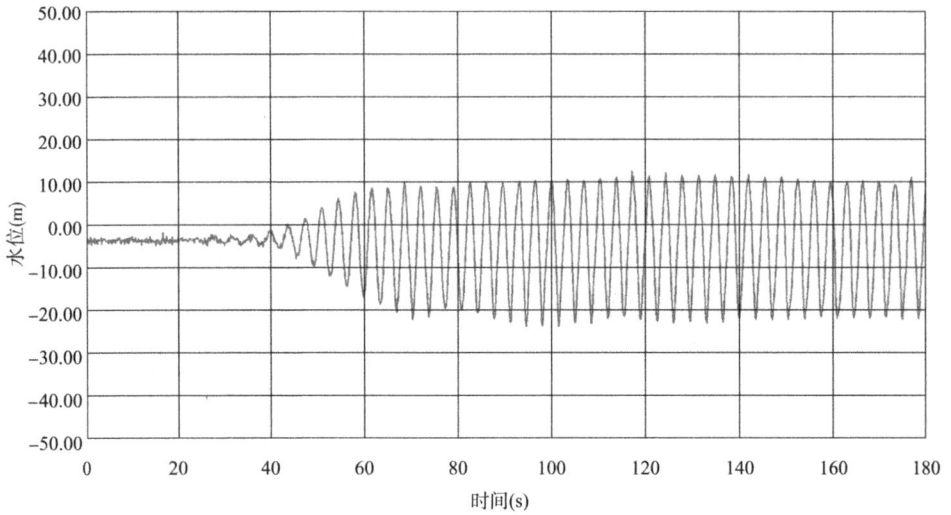

图 3-19　规则波长时间造波试验波形图(0~100s)

水深 2.19m,波高 0.3m,周期 3.5s

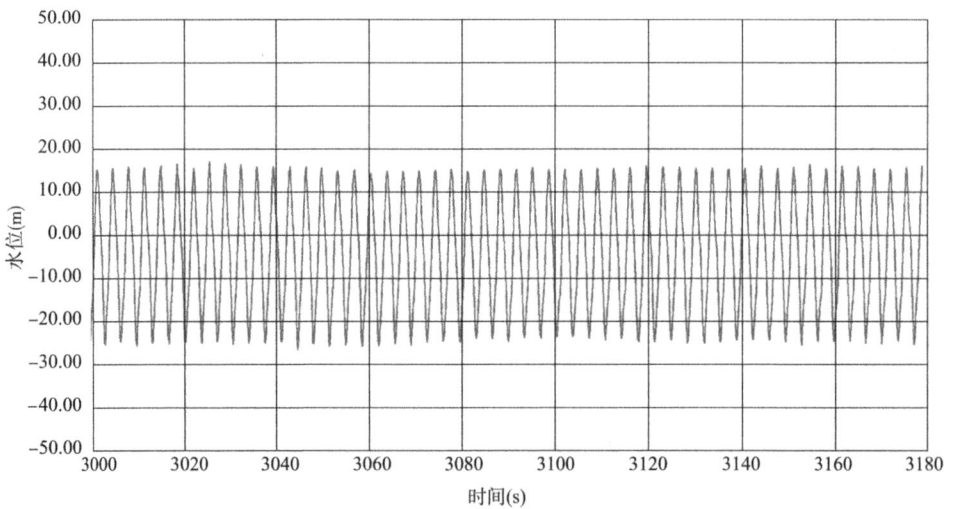

图 3-20　规则波长时间造波试验波形图(3000~3180s)

水深 2.19m,波高 0.3m,周期 3.5s

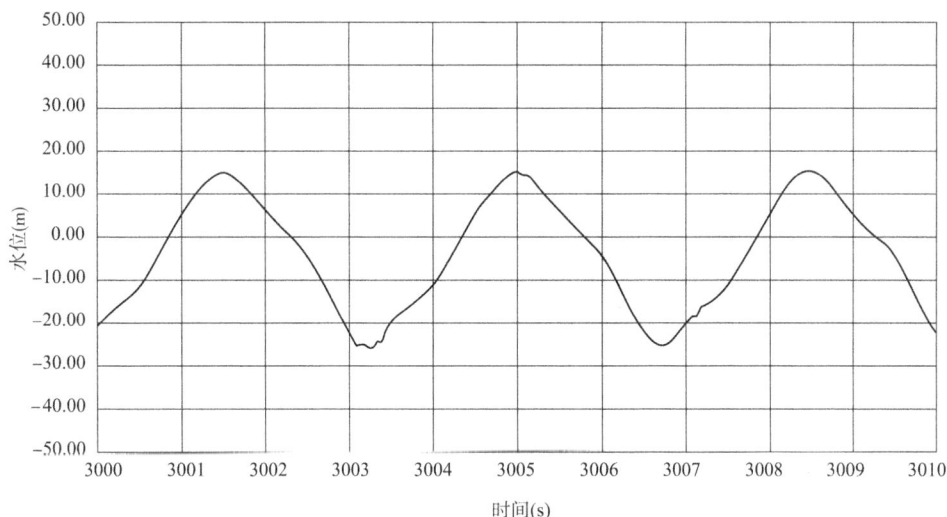

图 3-21 规则波长时间造波试验波形图(3000～3010s)
水深 2.19m,波高 0.3m,周期 3.5s

3.6 本 章 小 结

(1)在广泛调研和吸收已有先进技术的基础上,实现了大比尺波浪水槽造波机的规则波造波及测试技术,并进行了大量的测试工作。

(2)实现了规则波吸收式造波技术,能够在大比尺波浪水槽中进行长时间的波浪试验,造波稳定性满足地基试验长时间造波的需求。

(3)测试结果已经能够满足实验要求,由于时间紧迫,更多的测试和完善工作将在以后进行。

4 基于触变性超软土制备及力学特性分析

4.1 引　言

　　我国沿海和近海地区的地表普遍覆盖着新近沉积的第四纪软黏土,此种软黏土的孔隙比大、含水率高、强度低,在波浪等往复荷载作用下,弱化效应显著。这是由于天然状态下的黏性土一般都具有一定的结构性(structure character),当遭到外因破坏时,土粒间的胶结物质以及不同分子所组成的体系失衡,土的强度减小,压缩性变大。当扰动停止后,土体强度又随时间逐渐部分恢复,但被扰动而降低的强度仅能部分恢复。

　　土的这种强度随时间逐渐恢复的胶体性质定义为土的触变性。黏土易于触变的实质是这类土微观结构为不稳定的片架结构,富有大量结合水,其强度主要来源于土粒间的联结,即粒间电分子力产生的初始黏聚力和粒间胶结物产生的固化黏聚力。土体被扰动时,这两种黏聚力被破坏或部分破坏,土体强度明显降低。扰动停止后,被破坏的初始黏聚力随时间可部分恢复,但固化黏聚力无法在短时间内恢复,因而强度只能部分恢复。

　　张先伟等通过观测黏土扰动后随不同静置时间的贯入阻力和无侧限强度,并利用扫描电镜与压汞试验,分析触变强度的恢复时间与过程,从微观角度分析了不同静置龄期的结构演变规律,得出触变土强度会在扰动后一定时间内部分恢复,但强度恢复有限,认为黏土触变强度恢复过程是:扰动导致土体初始结构被破坏并将其分散,颗粒间引力与斥力相互作用的力场变化使结构趋向絮凝发展,这种影响是长期持续的,在一定时期内表现为土的触变现象。

　　这种触变性机理在黏性土中打桩时较为常用,通常利用振扰的方法破坏桩侧土和桩间土结构,以降低打桩阻力,在打桩之后,土体强度又随时间部分恢复,令桩身承载力缓慢增加。本章即采用此种方法制作超软土地基,通过重塑破坏土体初始结构,再将其静置使其强度慢慢恢复,达到一定强度时安置模型,进行试验。

4.2 地基土强度计算

由于土为各向异性材料,具有散体性、多样性和自然变异性等特点,土的物质构成主要以固态矿物颗粒作为土骨架、土骨架孔隙中的液态水和溶解物质以及土孔隙中的气体,其性质较为复杂,模型试验中无法满足相似性,故只要求满足承载力的近似相似,即确定土的强度满足试验要求即可。

图 4-1 为长江口防波堤半圆体断面示意图。

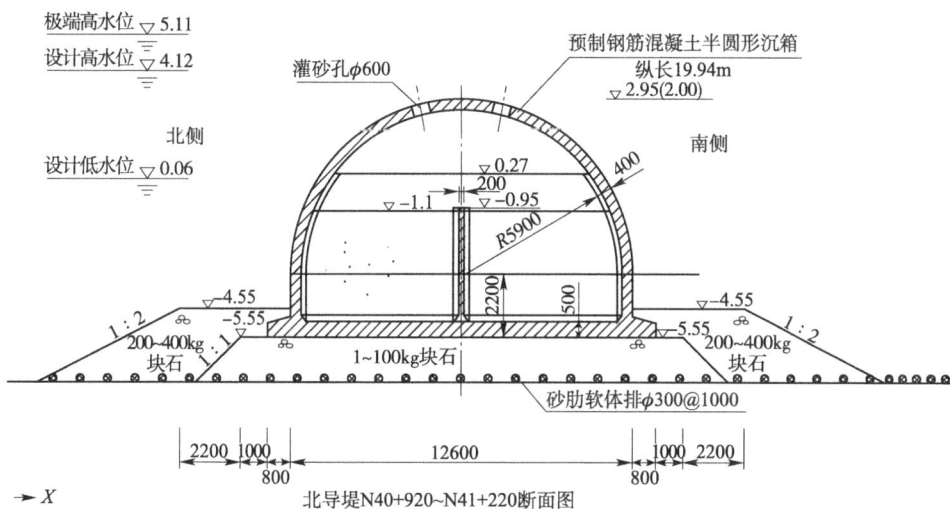

图 4-1 长江口防波堤半圆体断面示意图(尺寸单位:mm;高程单位:m)

4.2.1 基底平均压力

原型每米的质量为 236.3t,半圆体底部长为 14.2m,基床肩到肩宽为 20.6m。故原型基底平均压力为:

$$P_1 = 236.3 \times 10^3 \times 10/20.6 = 114.71(\text{kPa})$$

根据大比尺水槽试验要求,模型比尺为 1:5,所以模型每米的质量为 9.45t,底部长为 2.84m,宽为 4.12m。故模型基底平均压力为:

$$P_2 = 9.45 \times 10^3 \times 10/4.12 = 22.94(\text{kPa})$$

4.2.2 地基土强度

对于地基土强度的确定,首先需根据所提供的长江口工程资料计算原型地基

的承载力,再按比尺1:5计算模型地基承载力,进而反推模型地基土强度。按基础有埋深和基础无埋深两种方法进行计算:

1)基础有埋深,静水视为基础两侧荷载

(1)选择典型断面Ⅲ作为模拟断面,典型断面Ⅲ下地基土自上而下为①₃砂质粉土2.8m,②₂₋₀淤泥2.0m,④₂淤泥质黏土>20m,按1:5计算;模型地基土为①₃砂质粉土0.56m,②₂₋₀淤泥0.4m,④₂灰色淤泥质黏土>4m,故模型按④₂灰色淤泥质黏土计算,其固结快剪指标 $c = 13.5\text{kPa}$,$\varphi = 12.5°$,天然重度 $\gamma = 16.9\text{kN/m}^3$,$d_s = 2.72$,含水率 $w = 50.5\%$。

从《土力学》查得太沙基公式承载力系数:$N_c = 11$、$N_q = 2$、$N_r = 1.1$。

浮重度 $\gamma' = \dfrac{(d_s - 1)\gamma}{d_s(1 + w)} = 7.10\text{kN/m}^3$;

基础埋深 $d = 4.12\text{m}$(图中设计低水位4.12m);

$\gamma_{水} = 10\text{kN/m}^3$;

基础两侧荷载 $q = \gamma_{水} \times d = 10 \times 4.12 = 41.2(\text{kPa})$;

基础宽度 $b = 5\text{m}$。

按太沙基极限承载力公式:

极限承载力 $P_u = cN_c + qN_q + 1/2\,\gamma'bN_r = 250.425(\text{kPa})$;

安全系数 K 取2;

容许承载力 $[\sigma] = P_u/K = 125.21(\text{kPa})$;

均布矩形荷载角点下竖向附加应力系数 $4 \times 0.205 = 0.82$;

④₂灰色淤泥质黏土所受竖向附加应力为 $114.71 \times 0.82 = 94.06(\text{kPa})$;

$[\sigma] = 125.21\text{kPa} > 94.06\text{kPa}$,满足要求。

上述式中,d_s 为土粒相对密度;N_c、N_q、N_r 为粗糙基底的承载力系数。

(2)根据库仑公式 $\tau_f = c + \sigma\tan\varphi$,在十字板剪切试验中,对于饱和软黏土 $\varphi = 0$,所以在数值上 $c = \tau_f$。

上述式中,τ_f 为土的抗剪强度(kPa);σ 为滑动面上的法向应力(kPa);c 为土的黏聚力,也称为内聚力(kPa);φ 为土的内摩擦角(°)。

由于模型地基土采用原位十字板试验,故 $\varphi = 0°$。

模型地基极限承载力应为 $250.425/5 = 50.01(\text{kPa})$。

在太沙基公式承载力系数图中查得:$N_c = 5.7$,$N_q = 1.0$。

试验中设计低水位1.51m,$q = 10 \times 1.51 = 15.1(\text{kPa})$。

模型土 $c = (50.01 - 15.1)/5.7 = 6.12(\text{kPa})$,即原位十字板测试 $\tau_f = 6.12\text{kPa}$。

按太沙基极限承载力公式：

$P_u = cN_c + qN_q + 1/2\gamma'bN_r = 49.98\text{kPa}$;

安全系数 K 取 2；

$[\sigma] = P_u/K = 24.99\text{kPa} > P_2 = 22.94\text{kPa}$，满足试验要求。

2）基础无埋深，考虑水对半圆体的浮力

（1）原型半圆体半径 6.3m，直线段高 2.2m，抛石基床厚度 1.7m，设计低水位 4.12m，基床排开水体积 $V_1 = 20.6 \times 1.7 \times 1 = 35.02\text{m}^3$，半圆体排开水体积 $V_2 = [2.2 \times 12.6 + (4.12 - 1.7 - 2.2) \times (6.3 + 5.13)] \times 1 = 30.23\text{m}^3$（其中直线段上部近似按梯形计算）。

浮力 $\rho = 1000 \times 10 \times (30.23 + 35.02) = 652546\text{(N)}$;

$P_{11} = (2363000 - 652546)/20.6 = 80\text{(kPa)}$;

均布矩形荷载角点下竖向附加应力系数 $4 \times 0.205 = 0.82$;

④$_2$灰色淤泥质黏土所受竖向附加应力为 $80 \times 0.82 = 65.6\text{(kPa)}$。

按太沙基极限承载力公式：

$q = 0$，其余参数同 2.1；

$P_u = cN_c + qN_q + 1/2\gamma'bN_r = 168.025\text{kPa}$;

安全系数 K 取 2；

$[\sigma] = P_u/K = 84\text{kPa} > P_{11} = 65.6\text{kPa}$，满足要求。

（2）模型半圆体半径 1.26m，直线段高 0.44m，抛石基床厚度 0.34m，设计低水位 1.51m，基床排开水体积 $V_{11} = 4.12 \times 0.34 \times 1 = 1.40\text{m}^3$，半圆体排开水体积 $V_{21} = [0.44 \times (12.6/5) + (1.51 - 0.34 - 0.44) \times (1.26 + 5.13)] \times 1 = 2.78\text{m}^3$（其中直线段上部近似按梯形计算）。

$\rho = 1000 \times 10 \times (1.40 + 2.78) = 41800\text{(N)}$;

$P_{21} = (94500 - 41800)/4.12 = 12.79\text{(kPa)}$;

模型极限承载力应为 $168/5 = 33.6\text{(kPa)}$;

模型土 $c = 33.6/5.7 = 5.89\text{(kPa)}$，即原位十字板测试 $\tau_f = 5.89\text{kPa}$。

按太沙基极限承载力公式：

$N_c = 5.7$、$N_q = 1.0$、$q = 0$;

$P_u = cN_c + qN_q + 1/2\gamma'bN_r = 33.57\text{(kPa)}$;

安全系数 K 取 2；

$[\sigma] = P_u/K = 16.79\text{kPa} > P_{21} = 12.79\text{kPa}$，满足试验要求。

综上所述，只要土体强度达到 6kPa 左右，即可满足模型试验中对地基承载力的要求。

4.3 软土触变强度恢复分析

本书试验用土取自天津滨海新区临港工业区,该区位于海河口南岸,原海岸线向南延伸所形成的是新吹填地域,海滨大道从本区西部由南向北通过。该区由原海滩—潮间带及部分浅海区通过围海造陆形成,由于人工造陆区所采用的地基处理方法不同,所以地基承载力差别显著。由高滩—低滩—潮间带—浅海依次采用回填—翻晒—掺和—真空预压—浅表层直排处理技术,在浅表层直排处理处,普遍存在吹填软土层。所以该区自上而下存在吹填软土层、原海底淤泥软土层和下部第一海相层软土,为多层软土分布区。由于软土具有结构性、高含水率、高压缩性等特点,故本次试验取土深度定为 $1 \sim 2m$。

对临港工业区土进行 30%、35%、40%、45%、50%、55%、60%、65% 等不同含水率的配制,静置使其强度恢复。土体性状由黏稠状逐渐变为流动状态($I_L = 0.764 \sim 2.994$),通过颗粒分析可知此种土粉粒含量为 47.2%,$I_p = 15.7$,为粉质黏土。当含水率降到 45% 以下时,土体表面不再有水析出;当含水率为 30% 时,土体由流动状态转为可塑状态。对所配制土体采用保鲜膜密封保湿,静置于室内,定期利用微型十字板进行强度测试。

分别于第 1d、4d、7d、10d、15d 对不同含水率土体进行十字板强度测试,测试结果见图4-2。

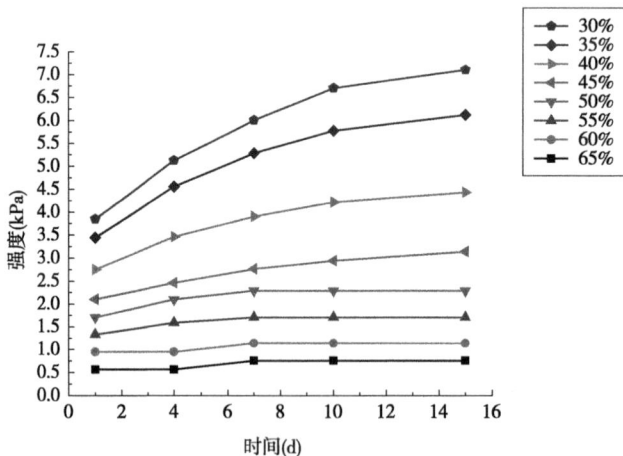

图4-2 不同含水率土体强度恢复曲线

从图4-2可以看出,当土体含水率达到50%及以上时,前7d强度稍有增长,7d以后基本保持不变;含水率40%和45%的土体,强度始终保持增长,但增长幅度较小;含水率40%、45%的土体15d十字板强度分别为4.4kPa、3.1kPa,强度偏低;30%和35%土体强度增长较快,15d十字板强度分别可达7.1kPa、6.1kPa。因此含水率35%土体静置15d强度可满足大比尺水槽试验对地基土承载力的要求。

含水率35.6%重塑土基本物理性质见表4-1。

含水率35.6%重塑土基本物理性质表　　　　　　　　表4-1

土样	含水率 ω （%）	密度 ρ （g/cm³）	干密度 ρ_d （g/cm³）	相对密度 G_s	饱和度 S_r （%）	孔隙比 e	液限 w_L （%）	塑限 w_P （%）	塑性指数 I_p	液性指数 I_L	压缩模量 E_s （MPa）	垂直渗透系数 $K_{20/v}$ （cm/s）	水平渗透系数 $K_{20/h}$ （cm/s）	十字板强度 τ_f （kPa）
重塑土	35.6	1.88	1.39	2.72	100.0	0.955	33.7	18.0	15.7	1.121	2.655	3.12×10^{-7}	3.94×10^{-7}	6.0

4.4 堆载对软土强度恢复的影响

对静置15d、含水率为30%～55%的土体进行堆载试验,分三级加载,每级5kPa,每5d增加一级,用小托盘与砝码相结合,精确控制压力,加载过程中土体表面覆盖保鲜膜,减少由水分蒸发导致的含水率降低,强度增大。

土体加载情况、强度和含水率变化见表4-2。含水率30%、35%土体可以一直加载到15kPa并保持稳定;含水率40%土体可以加载到15kPa,但是能看出明显变形,1d后失稳破坏,土体变形较大无法测试十字板(规格见表4-3)强度;含水率45%土体加载超过10kPa时,在加载过程中能看出较大变形,最大压力为12.5kPa;含水率50%土体在10kPa压力下虽未破坏,但变形已经很大,处于不稳定状态;含水率55%土体只能承受5kPa压力。

堆载作用下土体强度变化表　　　　　　　　表4-2

编号	含水率 （%）	静置15d （kPa）	5kPa加载5d （kPa）	10kPa加载5d （kPa）	15kPa加载5d （kPa）	最终含水率 （%）
1	30	7.10	10.28	12.57	14.28	25.8
2	35	6.12	9.14	11.42	12.95	28.2
3	40	4.43	5.90	6.85	稳定1d	33.6

续上表

编号	含水率 （%）	静置 15d （kPa）	5kPa 加载 5d （kPa）	10kPa 加载 5d （kPa）	15kPa 加载 5d （kPa）	最终含水率 （%）
4	45	3.14	4.21	4.76	—	38.7
5	50	2.29	3.42	3.81	—	43.3
6	55	1.71	2.10	—	—	53.1

十 字 板 规 格 表 4-3

序　号	尺寸（mm×mm）	量程（kPa）	系　数
A（标准）	20×40	0～130	1
B	16×32	0～260	2.0
C	25.4×50.8	0～65	0.5
D	50.8×101.6	0～8.125	0.0625

对堆载作用下不同含水率土体进行强度测试,见图4-3,堆载后测定土体含水率,见图4-4。

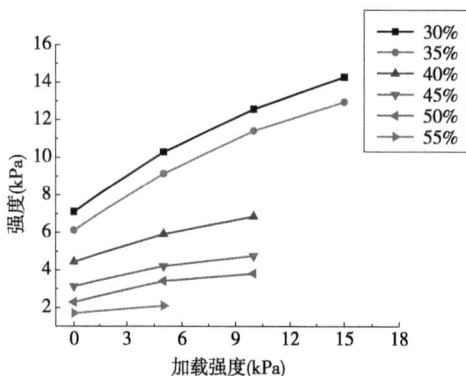

图 4-3　土体强度随堆载变化曲线

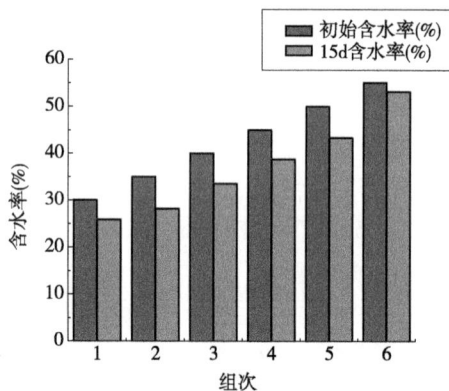

图 4-4　土体堆载前后含水率变化

从图4-3可以看出,含水率30%、35%土体在堆载作用下,其强度随压力增加逐渐增大,每级堆载持续5d,加载至15kPa,强度增长趋势并没有减缓,原因是在土体触变过程中,堆载促使土体缓慢固结排水,强度增长加快;含水率高于35%的土体强度都有所增长,但随着压力的增加,土体都产生较大沉降或变形,最终导致土体破坏,上部模型失稳。从图4-4中可以看出,所有土体加载后含水率均会降低,证明在堆载过程中,土体自身会排水固结,但固结较慢,即在未达到土体极限承载力时,堆载促使土体强度增长加快,当超过土体极限承载力时,地基无法承受上部荷载,土体破坏。

含水率35%土体静置15d满足大比尺水槽试验要求,考虑试验过程中时间和压力因素的影响,建立强度随时间变化拟合公式以及强度随堆载变化拟合公式,预测强度长期变化趋势。土体强度随时间、堆载变化的拟合曲线分别如图4-5、图4-6所示。

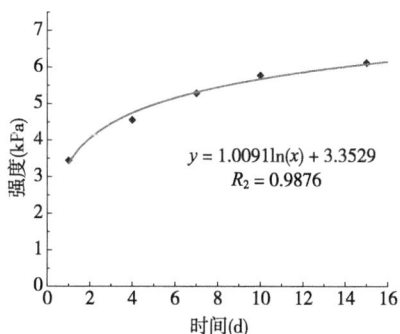

图4-5中拟合曲线:$y = 1.0091\ln(x) + 3.3529$,$R_2 = 0.9876$

图4-6中拟合曲线:$y = 6.0478x^{0.2752}$,$R_2 = 0.996$

图 4-5　土体强度随时间变化拟合曲线　　图 4-6　土体强度随堆载变化拟合曲线

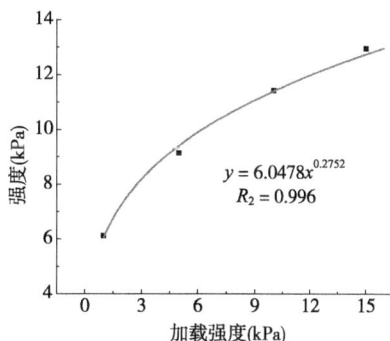

从图4-5中拟合曲线分析可知,土体强度随静置时间呈对数型增长,前期增长较快,后期增长趋于平缓。从图4-6中可以看出,土体强度随加载呈幂函数变化,土体强度增长较快。综合两种因素考虑,土体在无压力作用下,强度随时间增长缓慢;有压力作用下,强度随时间增长较快。

4.5　超软土触变过程微观机理分析

土体的微观结构是决定其宏观力学性质的内在因素,土的微观结构在工程中的应用中一般有以下两个目的:一是利用微观结构定性地解释一些工程特性;二是通过计算机技术软件处理微观结构资料,进而建立微观结构参数与相应的宏观力学指标之间的关系[57]。本节从微观角度定量分析超软土强度变化过程,解释超软土触变过程力学性质的变化。

前文分析得知含水率35%、土体静置15d强度满足大水槽试验要求。对含水率35%不同静置天数土样进行微观制样及电镜扫描测试,电镜扫描采用德国LEO场发射扫描电子显微镜,图像处理采用Leica Qwin500图像处理系统,研究其微观结构的变化。含水率35%土体触变过程 SEM 照片如图4-7所示。

a)静置1d

b)静置4d

c)静置7d

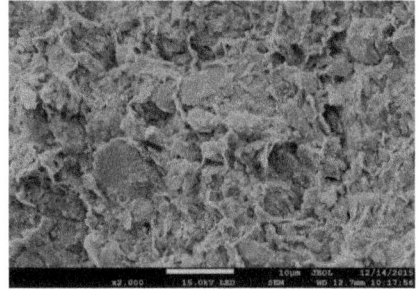

d)静置10d

e)静置15d

图4-7　含水率35%土体触变过程 SEM 照片（×2000）

由图4-7中可以看出,随着静置时间的增加,孔隙变小,颗粒逐渐聚合变大,由片堆状结构慢慢变为片架结构,粒间接触由线面接触转变为面面接触。采用 Leica Qwin5000偏光图像处理系统对上述 SEM 照片进行处理和定量分析,微观结构参数变化曲线如图4-8所示。

a)颗粒(孔隙)数量

b)颗粒(孔隙)等效直径

c)颗粒(孔隙)圆度

d)颗粒(孔隙)形态比

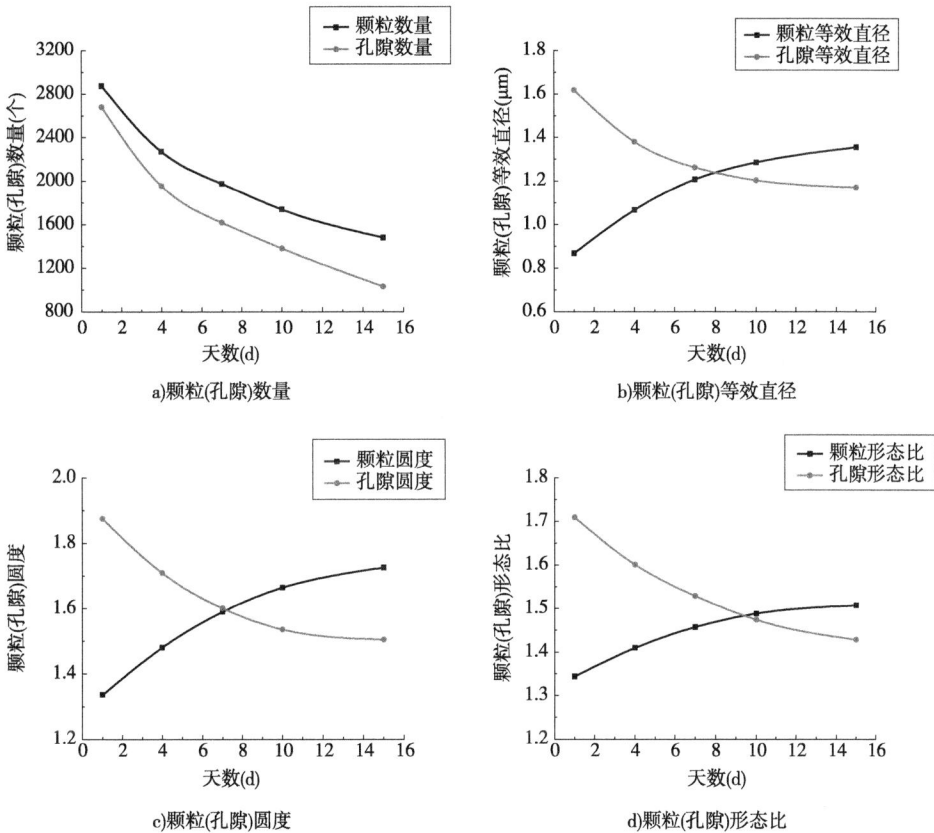

图4-8   含水率35%土体微观结构参数变化曲线

由图4-8可以看出,颗粒和孔隙数量整体上呈减少趋势;颗粒等效直径呈增大趋势,孔隙等效直径则呈减小趋势;颗粒的圆度和形态比随着静置时间的增加呈增加的趋势,孔隙圆度和形态比则相反。原因是通过静置,小颗粒向大颗粒聚集并相互聚合,大孔隙被分割,小孔隙被填充,最终颗粒由于聚合导致数量减少,等效直径增大,孔隙则呈相反的趋势。

颗粒(孔隙)数量是指在一定视野范围内土颗粒(孔隙)的总数目,反映颗粒(孔隙)的分布以及相互之间的关系;等效直径是反映土颗粒和孔隙大小特征的重要参数,等效直径变大,颗粒聚合体越大,孔隙连通性强,等效直径变小,表明土体结构破坏,部分团粒发生破碎,孔隙被分割。从图4-8a)、b)可以看出,随着静置时间的增加,基本土单元体不断重新排列组合,细小的土颗粒相互黏结成大颗粒,颗粒逐渐以团粒组合的形式存在,团粒的单体横断面积较大,同时包裹土颗粒的水膜厚度减小,颗粒之间直接接触联结加强,因而颗粒数量变少,等效直径增大;大直径孔隙被分割,小直径孔隙被颗粒填充,表现为孔隙数量和等效直径减小,土体强度提高。

圆度是表征颗粒和孔隙形态的重要参数,其值越远离 1,颗粒和孔隙越不规则,其值趋近于 1,颗粒和孔隙越趋近于圆形;形态比(L/B,L、B 分别为颗粒的长轴和短轴的长度)主要表征颗粒的形态,形态比越大,孔隙越趋于长条形,形态比越接近 1,孔隙越接近圆形。从图 4-8c)、d)可以看出,在触变过程中,土颗粒发生相互位移,小颗粒附着于大颗粒周围,颗粒间相互黏结形成聚合体,最终颗粒聚合体越来越大,越来越不规则,即颗粒圆度、形态比变大;随着大直径孔隙被分割,小直径孔隙被填充,孔隙圆度和形态比与颗粒呈相反的趋势。

4.6 本 章 小 结

通过配制不同含水率的土体,测试其强度随时间的变化;对静置 15d 不同含水率土体进行分级堆载,研究了软土触变过程中微观参数的变化,主要结论如下:

(1)土体强度随静置时间增加而逐渐增长,前期增长较快,7d 之后增长缓慢;当含水率较高时,强度随时间变化较小;含水率 35% 的重塑土静置 15d 十字板强度达到 6kPa,能够满足大比尺水槽试验对土体强度的要求。

(2)分级堆载作用下,未达到土体极限承载力时,强度随时间不断增长,含水率降低;当超过极限承载力时,土体产生较大变形、隆起等现象;考虑时间和压力两种因素对强度增长的影响,土体在无压力作用下,强度随时间增长缓慢,有压力作用下,强度随时间增长较快。

(3)在土体触变过程中,土颗粒数量减少,等效直径、圆度和形态比变大,伴随着大直径孔隙被分割,小直径孔隙被填充,孔隙圆度和形态比与颗粒数量呈相反的趋势;宏观上表现为土体强度随静置时间增加而逐渐变大。

5 基于固化作用超软土制备及力学特性分析

5.1 引　　言

随着时代的进步、科技的发展,人们对土地资源的需求量不断扩大,大规模的围海造陆工程还在持续,但是吹填土地基承载力低、变形量大、具有流变性,很难满足工程建设要求,成为工程建筑地基的主要工程病害层。因而岩土工程学者开始了从软土的成因、分区和评价、工程特性以及通过离心机物理模型试验和数值模拟计算等各个方面的研究,各种研究成果形成对软土的不同加固手段,其中对固化剂的研究较多样化。

刘顺妮等采用水泥对高含水率黏土进行固化试验,并通过 X 射线以及扫描电子显微等手段对加固土进行了研究,在素土中加入少量水泥和水并搅拌均匀后,即组成了土、水泥及水的多相体系,它们之间的相互作用可总结为:水泥和水之间相互作用产生水化产物,对土体具有胶结作用,组成水泥土的基本骨架,土颗粒和水化产物相互联结,增加了稳定土体强度和水稳定性。

周丽萍等在粉质黏土中掺入不同百分比的水泥,对不同养护龄期下的水泥土测定了无侧限抗压强度、应力—应变关系的变化规律,并研究了主要的影响因素,得出了此种水泥土的单轴受压应力—应变本构方程,定量分析了龄期、水泥掺入比对黏土力学性能的影响,指出水泥黏土的无侧限抗压强度随着龄期的增加而增大,近似呈线性关系,并且随着水泥掺入比与龄期的增长,脆性特征在应力—应变曲线上的表现越来越明显。

通过以上内容举例可知,多数学者的研究内容都是对软土进行加固,在最优配比下,其强度越高越好,但是很少有学者对强度极低的水泥土进行研究。本章主要研究内容为:在高含水率(50% ~90%)黏土中掺入少量不同百分比的水泥,进行超软土配制,从中优选出最佳试验方案,以精确控制土体强度,满足大比尺水槽试验要求。

5.2 掺入少量水泥的高含水率黏土强度研究

通常利用水泥对软土进行加固,水泥掺入比(质量比)存在一个临界值,当超过这个掺入比时,土体强度迅速增长,低于临界值时,土体强度增长缓慢,本章所用土的临界水泥掺入比为3%。为配制试验所需土,得到均匀性较好的试样,首先测定原状土的含水率,再计算配制试样所需水和水泥,将其调成水泥水,最后再与原状土一起搅拌均匀,用保鲜膜密封保湿养护。研究表明,随着固化剂掺量的不断增加,内摩擦角变化较小,下降趋势不明显,所以,黏聚力对水泥固化土抗剪强度影响较大[28],可作为主要研究对象。因此本章只测试水泥土的抗剪强度,强度测试手段采用微型十字板测试仪,土体含水率控制在50%~80%,水泥掺入比为1.0%~2.0%,强度随时间变化测试结果见图5-1。

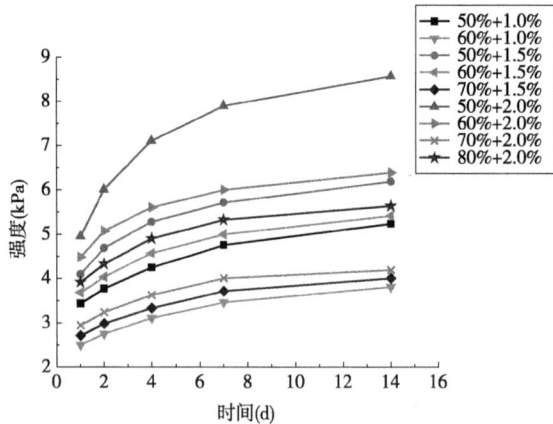

图 5-1 掺少量水泥、高含水率土体强度增长曲线

从图5-1中可以看出,对于不同含水率、水泥掺入比不同的土体,在初始强度不同的情况下,最终可以得到强度相同的试样。对于每组试样可以得出这样的规律:含水率一定时,水泥掺入比越大强度越高;水泥掺入比一定时,含水率越高强度越低。随着时间的增加,低含水率试样强度增长趋势保持不变,含水率高的试样强度增长趋势变慢。主要原因在于含水率一定的试样,存在最佳水泥掺入比。当含水率较高时,自由水含量多于水化反应所需,故而后期强度增长减缓;而含水率较低时,水泥水化反应较充分,随着龄期的增加,强度逐渐增大,且曲线斜率有增大趋势。

从整体来看,每组试样随着龄期的增加,强度逐渐增大,前期增长较快,后期增长趋势变慢;在相同龄期下,随着含水率的降低,水泥掺入比越大,强度越高。含水率50%、掺入2.0%水泥的试样,随着龄期的增加,强度增长较快,超出本章所要研

58

究超软土的范围,限于篇幅,不再深入探讨。对于其余组次,将含水率继续细化,并将水泥掺入比定量,进行多次反复试验,定期测试十字板强度,测试结果见图5-2。

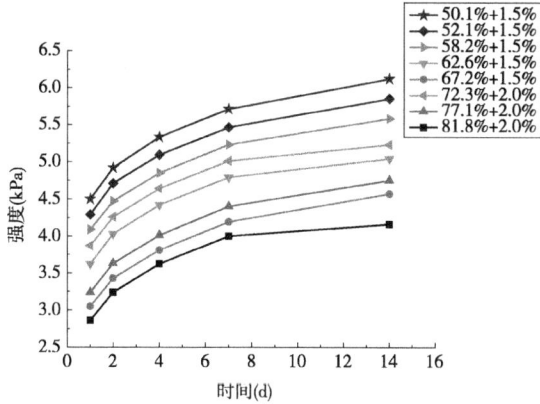

图5-2　一定水泥掺入比+高含水率土体强度增长曲线

从图5-2中可以看出,含水率81.8%、掺入2%水泥的试样,其强度前期增长较快,7d之后增长趋势减缓;含水率77.1%、掺入2%水泥及含水率67.2%、掺入1.5%水泥的试样,7d之后强度增长趋势变快,而含水率72.3%、掺入2%水泥和含水率62.6%、掺入1.5%水泥的试样,在7d之后强度增长趋势变慢;其余试样强度增长趋势各有不同。说明试样强度由含水率和水泥掺入比共同控制,因而在不同含水率土体中掺入不同掺入比水泥,可以得到强度相同的试样。

对14d各试样含水率进行测定,测试结果见图5-3。

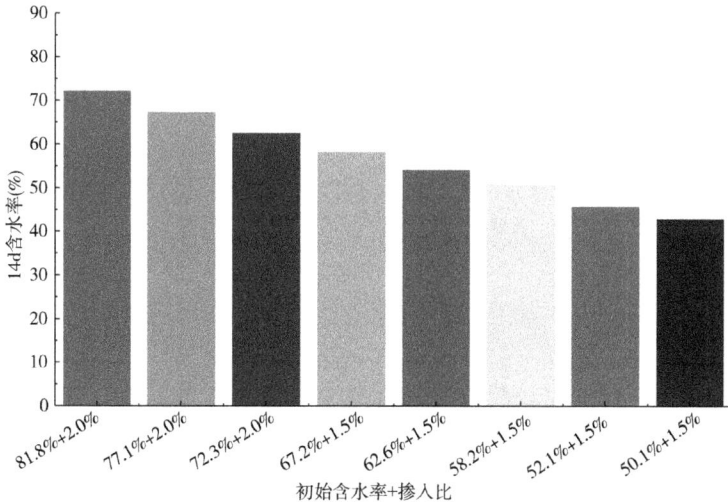

图5-3　一定水泥掺入比的高含水率土体14d的含水率

从图 5-3 可以看出,所有试样 14d 后含水率均有所降低,最大幅度为 10% ,最小为 6% ,说明黏土与水泥水在发生物理化学反应的过程中,水泥的水解和水化反应完全在土的围绕下进行,所以在水泥水化产物产生的同时,这些产物一部分自身硬化,另一部分与周围具有一定活性的黏土颗粒发生反应,因而反应方式主要为团粒化作用和凝硬反应以及离子交换,所以所消耗的水量有限。

通常冬季在北方施工中地表土容易被冻结,土体发生膨胀,冻胀力向上面和侧面发展,以致土体产生上拔、冻裂和变形等危害[62]。这种冻胀作用对本章所要研究的超软地基土强度形成也会有一定影响,故而对同种掺入比的试样在不同温度下形成强度进行对比,强度对比曲线见图 5-4。

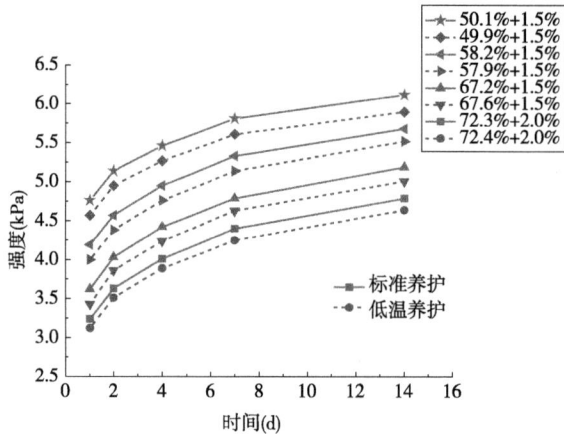

图 5-4　不同温度试样强度对比曲线

图 5-4 中标准养护试样置于 25℃ 条件下,低温养护试样置于 5℃ 条件下。从图中 5-4 可以看出,标准养护试样强度高于低温养护试样强度,但是强度相差较小。由此可知,低温对水泥的水解和水化反应有一定影响,但是影响不大。这是由于黏土颗粒的活性降低,团粒化作用减弱,但土体结构依然可以逐渐形成,具有一定强度,即低温不影响掺入少量水泥的高含水率土体的强度增长。

5.3　少量水泥对泥浆强度形成的影响

通过以上数据分析可以知道,在一定含水率范围内的黏土中掺入固定百分比水泥,在触变性及物理化学反应的作用下,可以得到一种强度近似相等但含水率不同的超软土。限于工期,只测试 14d 试样强度,而不同配制方案试样后期强度增长趋势不同,需要从中选取后期强度增长缓慢的试样,分析试验结果,选择含水率

80%及以上试样进行下一步研究。对含水率 80% ~ 90% 的泥浆进行试验,见图 5-5、图 5-6。

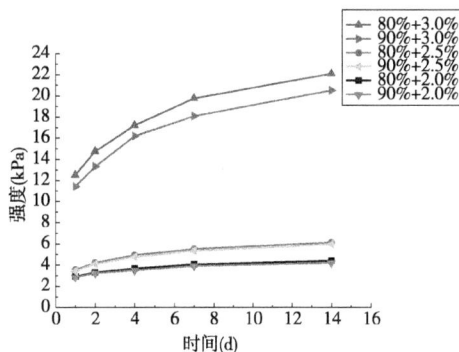

图 5-5 掺入少量水泥的泥浆强度变化曲线

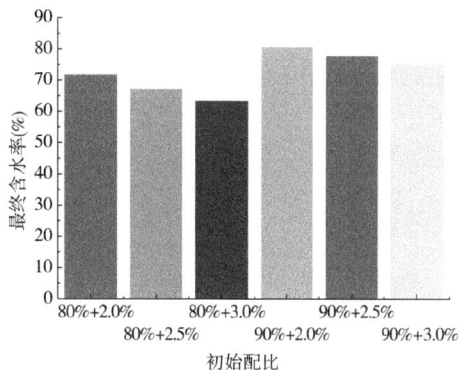

图 5-6 掺入少量水泥的泥浆 14d 含水率

从图 5-5 可以明显看出,水泥掺入百分比达到 3.0% 时,与另两组相比,其试样强度迅速增长,从初始差值 6kPa 扩大到 14d 时的 16kPa。主要由于水泥量足够时,水泥的水化反应会吸收大量的自由水,生成胶体,沉积在黏土颗粒的表面,逐步转变为晶体,晶体相互穿插并不断充填于黏土颗粒的孔隙之间,因而强度增长较快。其余两组泥浆强度增长以及图 5-6 所示泥浆 14d 含水率测试结果较符合所得研究规律。其中,含水率 80% 和 90%、掺入 2.5% 水泥 14d 土体强度满足大比尺水槽地基土强度要求,建立这两种土体强度随时间变化的拟合公式,预测土体强度长期变化规律,如图 5-7 所示。

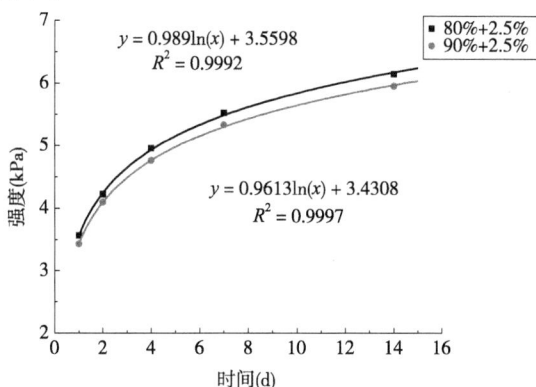

图 5-7 含水率 80% 和 90%、掺入 2.5% 水泥的土体强度拟合曲线

从图 5-7 中可以看出,两种方案土体强度随时间呈对数形式变化,增长趋势逐

渐趋于平缓,后期变化较小,土体强度后期的微小变化在允许范围内,可以满足大比尺水槽地基土强度要求。图5-8、图5-9所示分别为含水率82.6%、87.1%的泥浆加2.5%水泥配制试样,采用泥浆制造机进行搅拌,养护14d后对强度进行分析,确定最终试验方案。

图5-8　含水率82.6% +2.5%水泥的试样　　　　图5-9　含水率87.1% +2.5%水泥的试样

　　14d后十字板测试结果以及含水率测定符合前文结论,即在含水率80% ~90%之间加入2.5%水泥,可以制备强度符合要求的地基土。进一步测试此种试验方案土体十字板强度随深度变化规律,试样见图5-10。

　　图5-11为正常固结饱和软黏土由十字板测试的强度随深度的变化,在硬壳层以下软土层的抗剪强度随深度增加基本上呈直线变化,可用下式表示:

$$\tau_f = c_0 + \lambda z \qquad (5\text{-}1)$$

式中:λ ——直线段的斜率(kN/m^3);

　　　z ——以地表为起点的深度(m);

　　　c_0 ——直线段的延长线在水平坐标轴上的截距(kPa)。

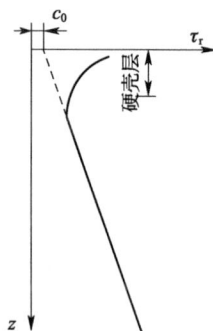

图5-10　含水率84.5% +2.5%水泥的试样　　　图5-11　十字板抗剪强度随深度的变化

图中土体高度 1.5m,14d 时测试十字板强度随深度变化规律,测试结果如图 5-12 所示。

从图 5-12 中可以看出,变化规律基本符合式(5-1),拟合曲线 $R^2 = 0.99732$, $c_0 = 0.08531$, $\lambda = 5.3514$,拟合度较高,此种土体十字板强度随深度增加呈线性关系。

对图 5-8、图 5-10 土样及静置 14d 含水率 35% 的重塑土进行固结压缩试验,试验所用仪器为轴承式单杠杆固结仪,试验加载等级按 12.5kPa、25kPa、50kPa、100kPa、150kPa、200kPa、400kPa、800kPa 设置,每级荷载固结 24h 后施加下一级荷载,由式(5-2)计算出各级压力下固结稳定后的试样孔隙比 e_i,做出 4 种强度相同试样的 e-lgp 曲线,见图 5-13。

$$e_i = e_0 - (1 + e_0) \frac{\Delta h_i}{h_0} \tag{5-2}$$

式中:e_0——初始孔隙比;

h_0 ——试样的初始高度;

Δh_i——在固结压力 p_i 下试样的压缩变形量。

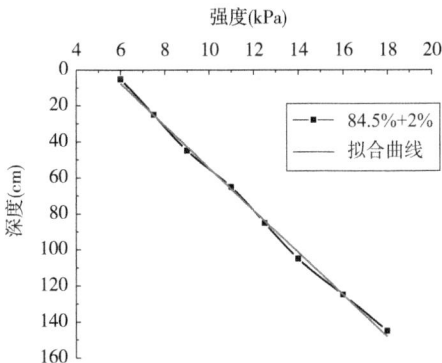

图 5-12 含水率 84.5% +2% 水泥的十字板
强度随深度变化

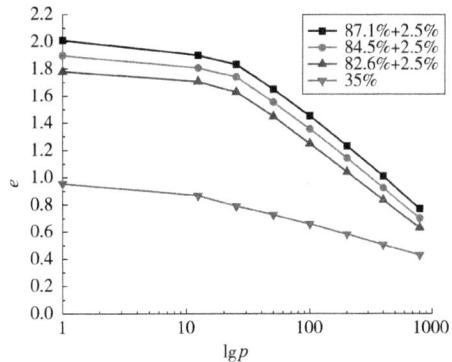

图 5-13 e-lgp 曲线

由图 5-13 可看出,掺入 2.5% 水泥试样的压缩曲线有明显拐点,结构屈服应力都在 24kPa 左右,重塑土压缩曲线拐点不明显,结构屈服应力为 17.2kPa,明显低于同强度水泥土,但随着荷载增大,四种试样最终孔隙逐渐接近。主要由于掺入 2.5% 水泥的土样经过养护后具有一定的结构性,而重塑土由于土颗粒之间骨架和胶结作用受到破坏而失去结构性,虽然经过养护具有了一定的强度,但结构性并不明显,故其结构屈服应力小于其他土样。

5.4 土体固化过程中的微观机理分析

通过前文分析可知,在含水率80%~90%泥浆中掺入2.5%水泥,静置15d强度能够较好满足大比尺水槽试验要求,对图5-10中不同静置天数土样进行微观制样及电镜扫描测试,分别采用德国LEO场发射扫描电子显微镜和Leica Qwin500图像处理系统,研究其微观结构参数的变化,如图5-14所示。

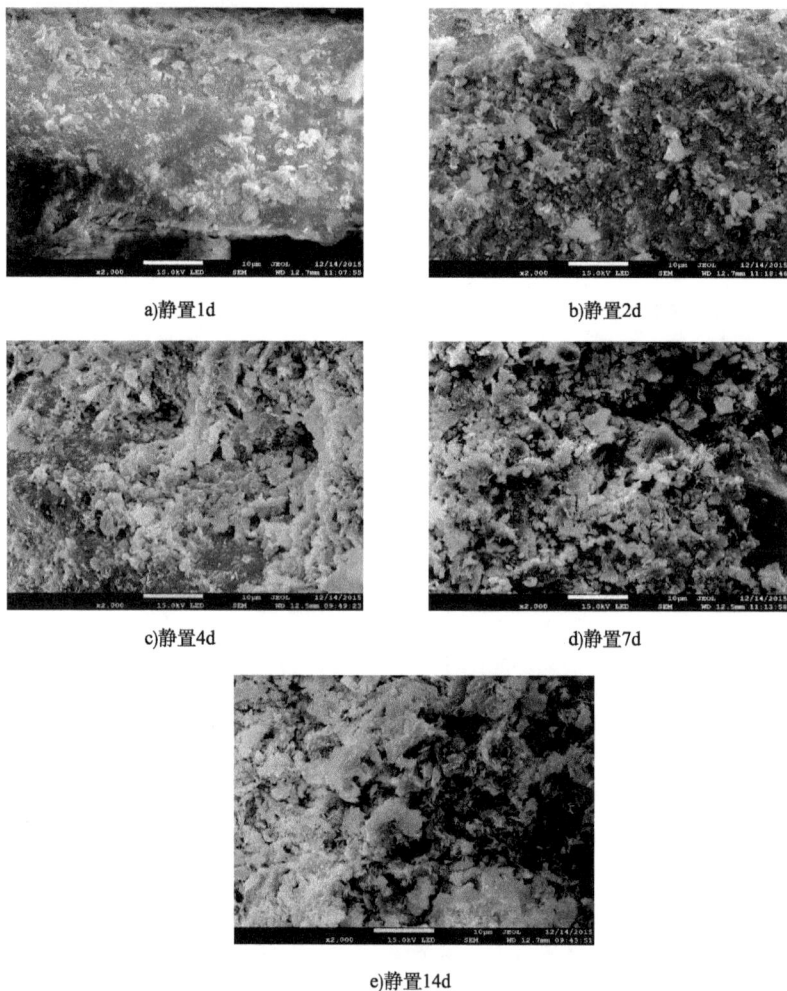

a)静置1d

b)静置2d

c)静置4d

d)静置7d

e)静置14d

图5-14 含水率84.5%+2.5%水泥的土体强度增长过程SEM照片(×2000)

从图 5-14 看出,由于初始含水率较高,土体初始结构被破坏,整体呈絮凝状,接触方式以颗粒间的点接触线为主,定向性不明显,颗粒的排列及孔隙分布为非稳定结构;随着静置时间的增加,在结构自适应作用下,颗粒聚合变大,孔隙变小,整体结构向叠片支架结构发展,接触方式变为线面接触为主,孔隙分布向均匀化发展,微观结构转变为亚稳定结构;14d 时,颗粒明显聚合变大,结构呈粒状镶嵌结构,接触方式变为面面接触,定向性变强,土单元体结构相对稳定。

采用 Leica Qwin5000 偏光图像处理系统,对以上 SEM 照片进行处理和定量分析,微观参数变化见图 5-15。

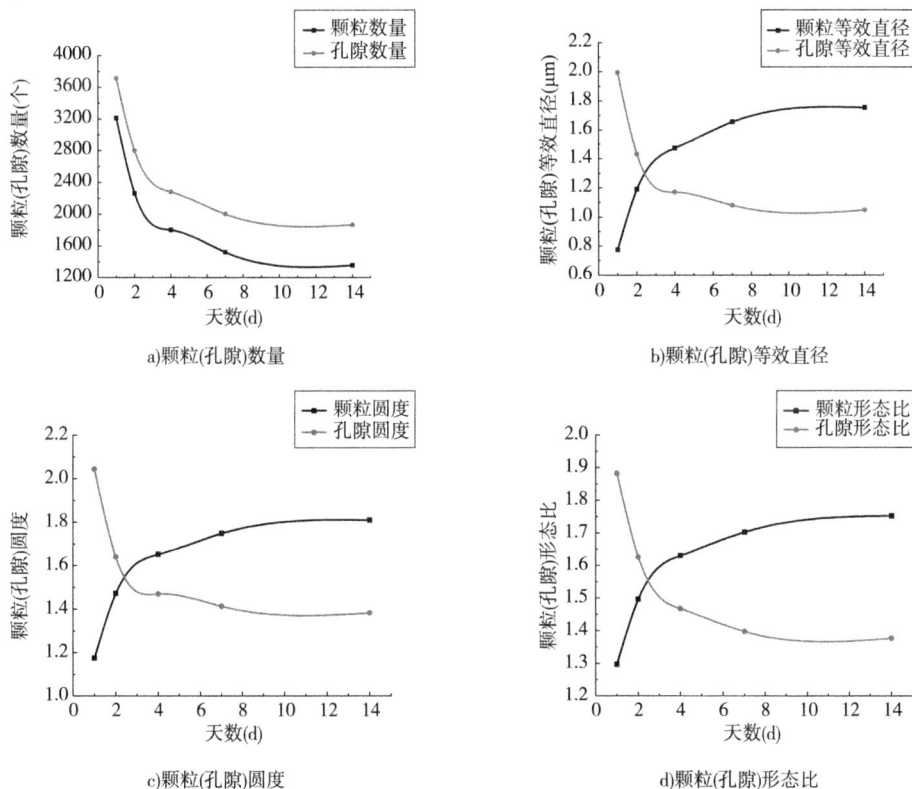

a)颗粒(孔隙)数量

b)颗粒(孔隙)等效直径

c)颗粒(孔隙)圆度

d)颗粒(孔隙)形态比

图 5-15　含水率 84.5% +2.5% 水泥的土体微观参数变化曲线

由图 5-15 可以看出,颗粒和孔隙数量前 7d 迅速减少,后期变化较小;颗粒等效直径呈增大趋势,孔隙等效直径则呈减小趋势,颗粒的形态比和圆度随着蠕变时间的增加呈增加的趋势,孔隙则相反,整体上后期变化趋势都比较平缓。原因是土体初始含水率较高,孔隙数量多于颗粒数量,孔隙多而不规则,颗粒较少,形状规则;随着静置时间增加,水泥水化物生成及胶结物的作用,小颗粒向大颗粒缓慢聚

65

集并相互联结,大孔隙被分割,小孔隙被填充,颗粒和孔隙数量不断减少,颗粒等效直径增大,孔隙等效直径减小,颗粒由于聚合整体上呈长条形,向不规则发展,孔隙被分割填充而趋于圆形。

5.5 本章小结

本章重点研究高含水率黏土中掺入少量不同质量比的水泥,进行保湿养护,采用微型十字板测定强度随时间的变化曲线,并考虑温度对强度形成的影响,测试试样十字板强度随深度的变化关系。主要成果如下:

(1)在高含水率黏土中掺入质量比为1%、1.5%、2%的水泥,试样十字板强度随龄期增加逐渐增长,含水率随龄期增加而降低;土体强度主要受含水率和水泥掺入比的影响,含水率不变,水泥掺入比越大,强度越高,水泥掺入比不变,含水率越高,强度越低;试样后期强度增长主要取决于含水率,含水率越高,后期强度增长越慢,反之,后期强度增长越快。

(2)温度对试样强度有一定影响,标准养护试样强度高于低温养护试样强度,但二者差距较小,即低温(>0℃)不影响掺入少量水泥土体结构的形成。

(3)含水率80% ~90%、掺入2.5%水泥试样14d后强度满足大比尺水槽试验对地基土强度要求;十字板强度随深度增加呈线性增长;试样具有一定结构性,结构屈服应力高于相同十字板强度的重塑土。

(4)对含水率84.5% +2.5%水泥的土体进行微观分析表明,在土体固化过程中,颗粒和孔隙数量明显减少,颗粒等效直径、圆度和形态比变大,孔隙等效直径、圆度和形态比变小,土体结构逐渐形成;无论颗粒和孔隙微观结构参数变大还是减小,其后期变化趋势都趋于平缓,宏观上更有利于后期对强度的控制。

6 基于低位真空预压超软土制备及力学特性分析

6.1 引　言

1952 年瑞典皇家地质学院 W. Kjellman 教授阐明了真空预压法的作用机理，其后瑞典、英国、日本、苏联、美国、中国等国家分别对该法进行了理论分析、现场试验以及实际工程应用，但是限于抽真空设备和密封工艺等方面的困难无法解决，20 世纪 70 年代前此法的发展相对缓慢。80 年代以后，我国在真空与真空堆载预压方法的理论及实践方面得到了关键性发展，并运用塑料排水板作为地基竖向排水通道，替代了传统的砂井，基于大量理论成果与实践实用技术，使此项技术在我国得到了广泛的应用。

王军等针对目前常规真空预压法的真空压力无法到达土体深部、排水板淤堵较严重、加固效果较差，不能满足实际工程应用的现象，提出一种新型防淤堵真空预压软土地基加固技术，通过对普通排水板的改进和创新，通过室内试验与现场试验的结合获得不同排水板的加固机制，从而证明新型防淤堵真空预压法加固软土地基的可行性。

低位真空预压加固地基与常规真空预压方法相比而言，具有加固效果好、造价低廉、节约资源、工期较短、环境污染小、劳动强度低，且不受沙源条件的限制和单元处理面积大等优点，更适合现代工业发展的需要。

秦玉生等分析了低位真空预压法加固软土地基技术的优点，使用吹填泥浆作密封层，使上下土体同时获得加固效果，代替塑料膜作为密封层，克服了塑料薄膜破损导致漏气等缺点，施工方便、造价低廉，同时可以解决吹填淤泥的去处问题。

本章针对长江口半圆体防波堤地基土基本物理特性，根据大比尺水槽试验要求，采用低位真空预压法进行超软土制备，采用十字板测试手段每 3d 进行一次原位强度测试，精确控制地基承载力，以满足模型试验地基土与原型地基土的相似性。

6.2 沉 降 计 算

真空预压之前首先需计算出泥浆的沉降量,为保证孔压土压导线有足够预留度,用密封膜时在密封模型槽四周也需预留足够长度,以免过度拉伸导致密封膜破裂,真空度下降,影响整体抽真空效果。沉降计算过程如下。

试验用土基本参数:

土粒相对密度 $d_s = 2.72$;

饱和度 $S_r = 100\%$;

孔隙比 $e = w_0 \times d_s / S_r$;

初始含水率 w_0;

泥浆密度 $\rho = d_s \times (1 + w) \times \rho_w / (1 + e)$;

泥浆体积 $V = 1.5\text{m} \times 1\text{m} \times h$(长×宽×泥浆深度);

土体总质量 $m = \rho \times V$。

鉴于以上条件还须预先估计真空预压效果,即各层强度及含水率,假定最终含水率 w_1,则最终沉降量 h_1 可表示为真空预压抽水量 V_1 与土体表面积 S 的比值。

真空预压抽水量 $V_1 = \rho \times V \times (w_0 - w_1) / (1 + w_0)$;

土体表面积 $S = 1.5\text{m} \times 1\text{m}$(长×宽);

最终沉降量 $h_1 = V_1 / S$。

6.3 普通排水板低位真空预压联合堆载法

6.3.1 渗透系数

真空预压效果的关键在于根据黏土的渗透系数选择排水板的渗透系数、渗透流率以及采取的防淤堵措施。排水板的渗透系数由厂家提供,本章选择 SPB-A 型塑料排水板,其主要用于深度在 15m 内的软土地基,渗透系数为 $8.8 \times 10^{-4}\text{cm/s}$。所谓渗透流率即单位梯度通过排水板断面水量,与通常所说的竖向排水量有所不同,此为考虑折减系数与井阻因子后的结果,渗透流率为 $31\text{cm}^3/\text{s}$。

试验用黏土渗透系数由渗透试验测定,本章所用黏土均为重塑土,含水率不同,渗透系数有所差异,测定结果见图 6-1。由图 6-1 可以看出,随着含水率的增

加,水平渗透系数与垂直渗透系数都在减
小,曲线前段减小较快,后段趋于平缓;在
含水率较小时,水平渗透系数高于垂直渗
透系数;随着含水率的增长两者逐渐接近,
当含水率达到一定值时,可以认为两者
相等。

图 6-1　渗透系数随含水率变化曲线

6.3.2　真空设备选择

图 6-2 与图 6-3 为试验前所要选用的
两套真空设备,真空设备 1 型号为 Y2
112M-4T,由真空泵、滤瓶及水泵组成,真空泵需要冷水降温,滤瓶可以有效防止
沙子等细小颗粒进入真空泵;真空设备 2 型号为 TYPE KP-112M-2B5,由电机、涡
轮及水箱组成,设备连接简单,且无需冷水降温系统,故本章试验使用真空设
备 2。

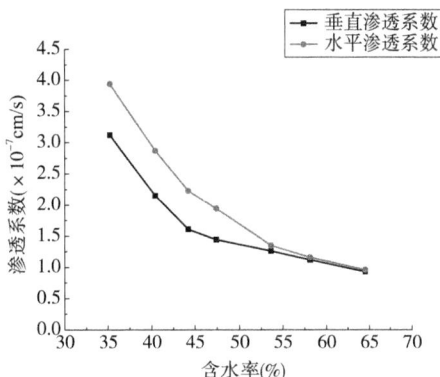

图 6-2　真空设备 1

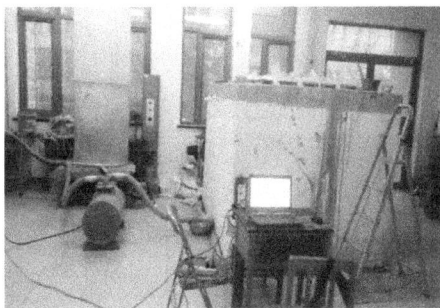

图 6-3　真空设备 2

6.3.3　试验方案

试验用土取自临港工业区,初始含水率 25.1%,基本物性指标:$W_L = 31.7$、
$W_p = 18.0$、$I_p = 13.7$、$I_L = 1.250$;经颗粒分析,粉粒含量 47.2%,黏粒含量 49.5%,
可见粉粒低于黏粒含量,此种土吸水性较差。

模型槽尺寸为 1.5m×1m×1.7m(长×宽×高),排水板有效影响半径按 50cm
计算,模型槽沿横向需设置 2 根排水板,纵向设置 3 根排水板,共 6 根(图 6-4),每
根长 2m,下部与波纹管绑扎牢固;铺设砂垫层厚 12cm,将波纹管及排水板完全覆
盖;铺一层土工布,防止黏土细颗粒进入砂垫层造成淤堵,排水板穿透土工布无

缝连接;模型槽内壁附密封膜,防止渗水,内壁与密封膜之间设沉降观测尺,可随时观测沉降。

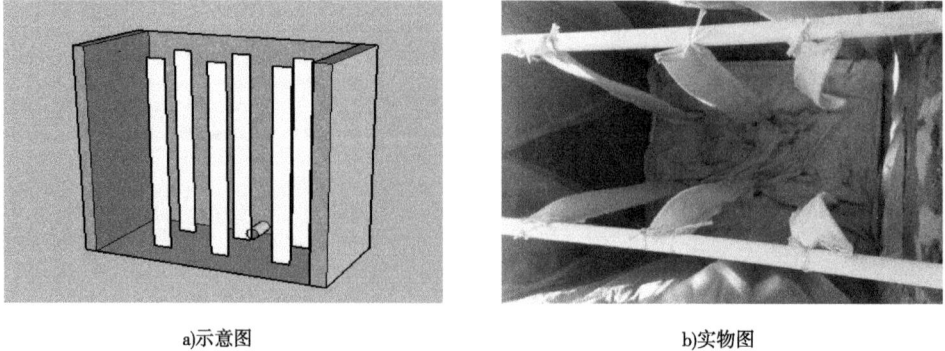

a)示意图

b)实物图

图6-4　纵向排水板布置图

　　泥浆总高139cm,平均含水率87.5%,预计28d土体含水率可降至40%,依此计算沉降量$h_1 = 53.13$cm(最终沉降54cm)。在泥浆内埋设2个孔隙水压力计,用铁丝悬吊,分别距底部30cm、85cm。泥浆静置1d,表面析出8cm水,用土工布将泥和水分隔,用水泵把水抽出,测得泥浆含水率80.3%;泥浆表面铺一层300g/m²土工布,排水板放于土工布上,防止坠入泥浆中;用密封膜将模型槽密封,保持泥浆内真空度;从下部开始抽真空,试验总天数定为28d,每3d测一次土体强度,实时观测沉降;当土体达到一定强度时,在土体表面铺一层雨布,用水施加压力5kPa;强度足够时,将土体分为四个区域,用砝码加载,分别为0kPa、5kPa、10kPa、15kPa。

6.3.4　试验成果分析

　　采用便携式十字板测试土体强度,前10d测试结果见图6-5。

　　从图6-5可以看出,随着时间的增长,强度显著提高。底部强度较高,中间和表层强度较接近;由于抽真空过程中会在泥浆底部和表面分别形成负压,故表层强度逐渐比中间强度大;从图中还可以看出,底部强度增长较快,且在7d后增长速率变快,主要原因是真空度一部分是从底部向上传递,泥浆也先从底部逐渐形成土体;十字板板头具有一定高度,所测数据为高度范围内的平均强度,当土体厚度超过十字板板头高度时,所测结果会比之前明显变大。

　　根据图6-5所得结果可知,土体上部强度已能承载一定压力,从第10d开始施加水压5kPa,每3d测试一次强度,所得结果见图6-6。

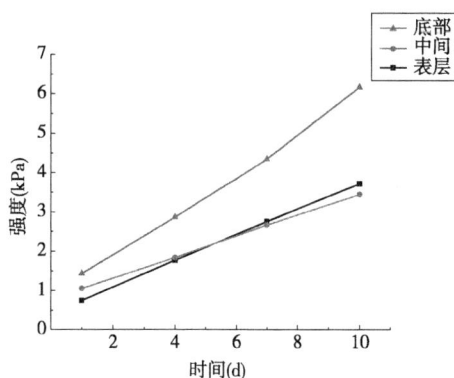

图 6-5 土体初始强度增长曲线　　　　图 6-6 5kPa 压力土体强度增长曲线

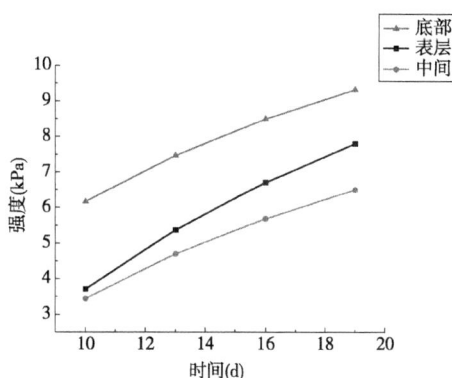

从图 6-6 可以看出,土体强度随时间继续增大,但底部强度增长趋势已经减缓,而土体中间和表面强度增长加快。主要因为 5kPa 压力直接作用于土体表层,相当于真空—堆载联合预压,并且上部排水板置于土工布上,不与土体直接接触,真空度仍可维持不变,故表层土体强度增长变快,中间土体次之;对于底部土体,上部 5kPa 附加应力传递到底部已经很小,可忽略堆载对强度增长的影响,在土体逐渐成型时,以排水板为中心形成一个缓慢变粗的圆柱体以及排水板自身的淤堵,对真空度的传递有很大影响,所以底部强度增长减慢。

根据表层土体强度计算,可知土体最大可承载 15kPa 压力,故将其分为四个区域,分别施加压力 0kPa、5kPa、10kPa、15kPa,并对各区强度增长进行测试,结果见图 6-7。

对比图 6-7 堆载条件下土体强度随时间增长曲线可知,压力对土体强度增长有促进作用。随着真空预压时间的增加,土体强度不断增长,表层土体强度增长较快,底层次之,中间层最慢。不同压力下各层土体强度增长情况各不相同,对各压力作用下每层土体强度增长情况进行对比分析,结果见图 6-8。

由图 6-8 可以看出,随着压力的增大,土体强度增长变快;当压力达到 10kPa 时,土体强度显著增长;可是 15kPa 压力相对于 10kPa 来说,增长趋势并不明显;对表层和底部土体来说,整体强度较高,但后期增长趋势减小,而中间土层强度持续稳定增长。主要原因在于随着土体强度的提高,承载力逐渐变大,堆载对土体强度增长作用减弱,15kPa 压力作用下土体强度较高,故而后期土体强度增长趋势变缓。

图 6-9 ~ 图 6-12 所研究问题均为 5kPa 作用结果。表层含水率为壳层以下含水率,壳层含水率约在 30%。

a)0kPa

b)5kPa

c)10kPa

d)15kPa

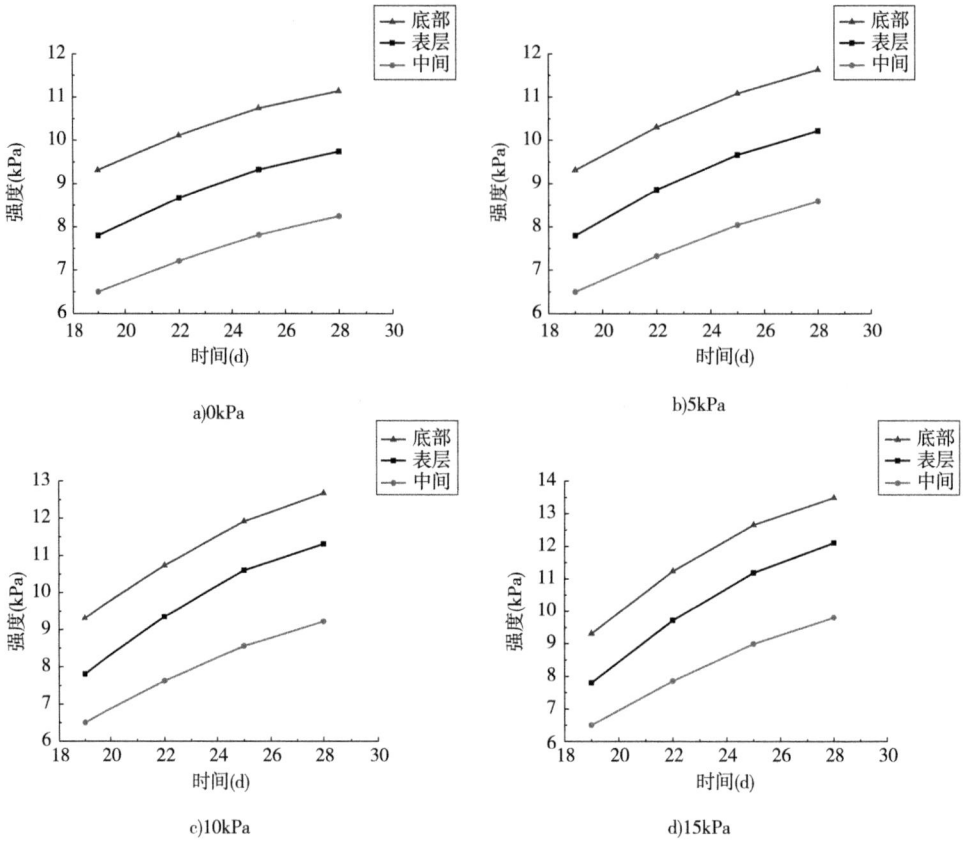

图 6-7　不同上部荷载土体强度随时间增长曲线

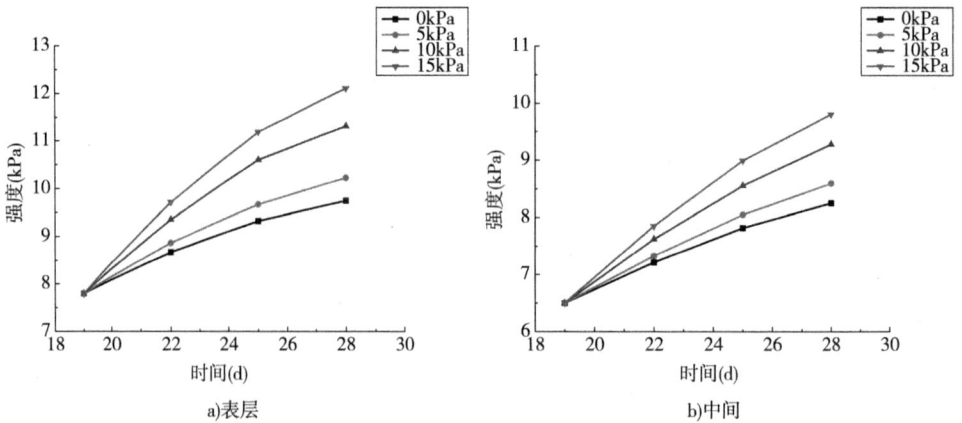

a)表层

b)中间

图　6-8

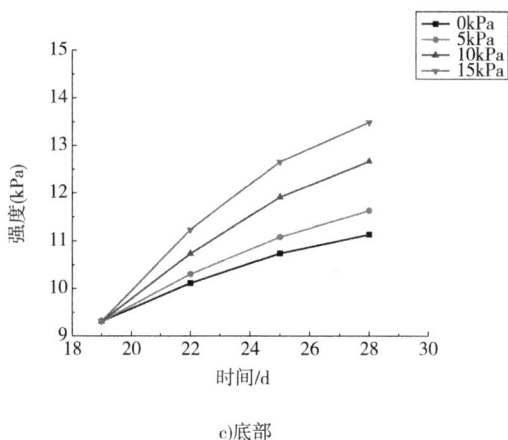

c)底部

图6-8 不同深度土体强度对比图

分别对 10d、19d、28d 土体进行十字板强度随深度变化测试,可更直观地分析每层土体抗剪强度,结果见图6-9。

从图6-9中可以看出,土体强度随深度并不是增长的趋势,说明土体并不均匀且差异较大。第 10d 强度曲线大体呈增长趋势,随着时间的增加,中间土体强度偏小趋势越明显。造成这种现象的原因主要为,随着真空预压的进行,以排水板为中心形成的圆柱体直径越来越大,排水板淤堵越来越严重,真空度传递过程中的损失也就越大,这样就形成了上下土体强度高,中间软的夹心层。

对表层土体含水率的测量可随时了解表层真空度及堆载对土体的影响,对沉降的观测可及时验证试验前的预测及理论计算与实际的偏差,所得结果见图6-10、图6-11。

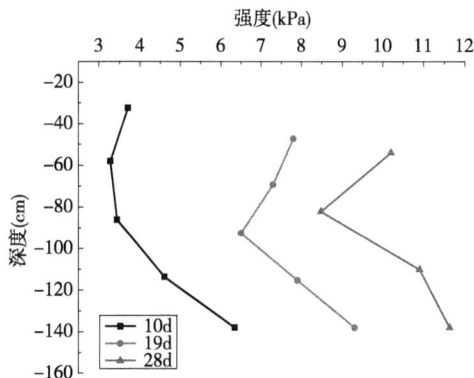

图6-9 不同时间土体强度随深度变化曲线

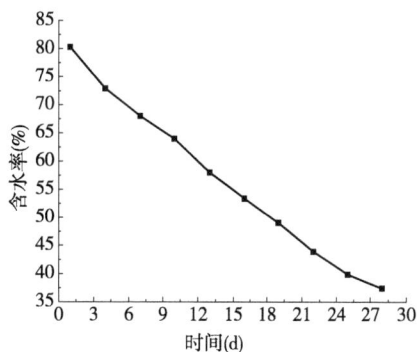

图6-10 表层含水率随时间变化曲线

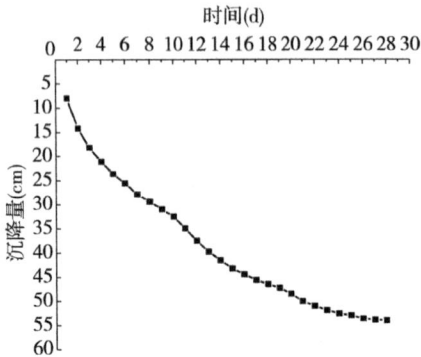

图6-11　土体沉降随时间变化曲线　　　　　图6-12　硬壳层厚度随时间变化曲线

从图6-10、图6-11中可明显看出,含水率与沉降变化曲线分为二段,初始为真空预压阶段,10d之后为真空—堆载联合预压阶段。整体上土体含水率不断减小,但每一加载阶段后期减小趋势变弱;土体沉降在不断增大,同样每一阶段后期增大趋势变小。主要原因在于随着含水率的降低,土体强度增大,承载力提高,同样的压力对不断变大的承载力影响就削弱较多,所以含水率的降低、沉降的增大都会减小。

表面硬壳层厚度对于土体承载力有较大影响,由图6-9可以看出表层土体强度大小,但不能直观反映出其厚度,硬壳层厚度随时间的变化曲线见图6-12。

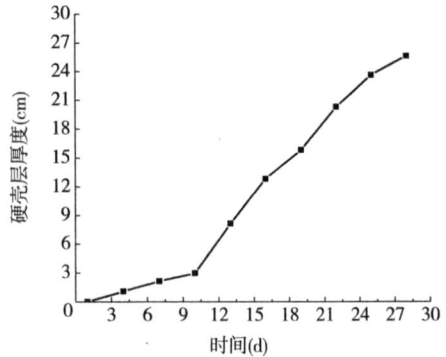

如图6-12所示硬壳层厚度随时间增加不断增大,前期增长较慢,硬壳层较薄,在堆载后硬壳层厚度快速增加,但也分为两段,主要为两次不同加载作用的结果,不再赘述。以上现象说明,堆载对于提高土体表面强度有显著效果,从图中可看出硬壳层还在增长,如长期作用,可形成较厚硬壳层,对于提高地基承载力作用明显。

试验前共埋入两个孔隙水压力计,分别距模型槽底部30cm、85cm,对土体内部孔压值进行实时监测。孔压值监测,初始采集频率为1Hz,4h后频率调整为1h。由于每3d进行一次土体强度测试,需关闭真空泵拆除密封膜,故而孔压数据72h为一组。由于数据较多,经筛选后结果见图6-13。

图6-13中孔压值整体上呈不断减小趋势,前期减小较快,后期趋于平缓;每次关闭真空泵,孔压值恢复至正值,但随着抽真空时间的增加,孔压恢复值逐渐降低。这是因为随着抽真空时间的增加,土体内部真空压力增加,孔隙水被排出,孔压值不断减小;每次关闭真空泵时,土体内部真空负压不断消失,孔压值回升;随着孔压消散,孔压消散通道逐渐形成,重新开启真空泵时,孔压值开始下降较快,但是排水板表面后期淤堵较严重,真空度不能有效传递至土体中,孔压消散减慢,孔压值后期变化趋于平缓。

74

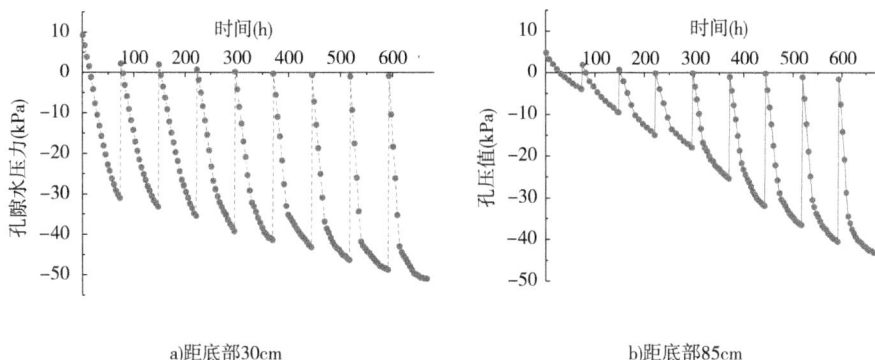

a)距底部30cm

b)距底部85cm

图 6-13　普通板孔隙水压力值

　　对比图 6-13a)、b)可以看出,距底部 30cm 孔压值远大于距底部 85cm 处,由于真空负压的传递路径为由模型槽底部砂垫层经排水板向上传递,再经排水板向土体内部扩散,在真空负压向上传递及向土体内部扩散的过程中,真空负压随高度递减,所以孔压值由下向上逐渐减小。

6.4　改进排水板低位真空预压联合堆载法

　　通过对普通排水板低位真空预压联合堆载法的研究发现,普通排水板表面在真空预压过程中会发生较严重的淤堵,真空度无法有效传递到土体内,孔隙水压力只达到 −50kPa 左右,土体内部十字板强度在堆载作用下最大只有 10kPa,说明除去表层及底部,中间还有一部分更软的土层,不能较好满足工程实际需要。于是笔者对排水板加以改进,在其外包裹一层土工布,二者对比图 6-14、图 6-15。

图 6-14　普通排水板

图 6-15　改进排水板

　　土工布具有较好的过滤、隔离作用,透气、透水性好,在排水板外包裹土工布相当于增大了排水板滤膜的孔径,同时排水板表面有较多丝线,不易被土体黏附,可防止土颗粒进入排水板内部,这一点从前次试验中得到验证。从图6-16中可以清晰看见,试验中底部土工布能与土体较好分离,且图6-17中土工布下砂垫层基本保持试验前状态,并未有土颗粒进入。

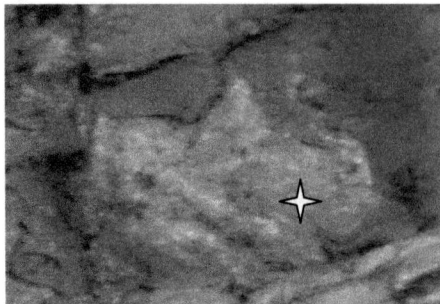

图6-16　底部土工布

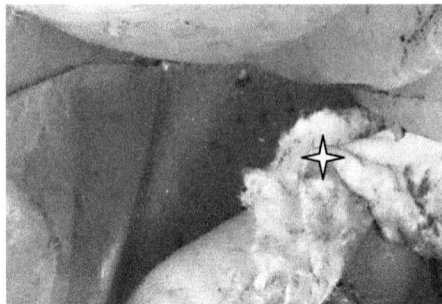

图6-17　土工布下砂垫层

6.4.1　试验方案

试验基本情况:泥浆总高度138cm,平均含水率86.2%,预计28d土体含水率可降至35%,依此计算沉降量 $h_1 = 57.46$cm(最终沉降57cm)。泥浆静置1d,表面析出7cm水,用土工布将泥和水分隔,排除明水,测得泥浆含水率80.7%。土样基本物性及试验方案同6.2节、6.3.3节相关内容。

6.4.2　试验成果分析

每3d对土体强度进行测试,并与图6-5进行对比,见图6-18。图6-18中实线为改进排水板试验所得,虚线为普通排水板试验所得。

从图6-18中不难看出两次低位真空预压模型槽底部土体强度曲线相近,表层强度变化较大,中间土体强度稍有增长,整体趋势近似相同。主要因为模型槽底部为砂垫层,土体直接受真空压力的作用,强度增长对排水板的依赖较小;而上部土体所受真空压力主要来自排水板的传递,排水板对真空度的传递效果直接影响上部土体强度。排水板表面的防淤堵效果需对后期土体强度变化进行分析来评价。

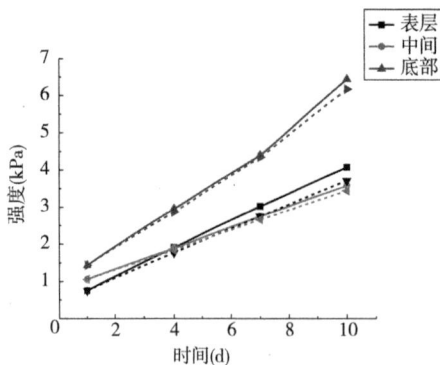

图6-18　土体初始强度增长曲线

图6-19为5kPa压力土体强度增长曲

线,图中实线为改进排水板低位真空预压试验所得,虚线为普通排水板低位真空预压试验所得。对比两次试验的十字板测试结果,可以明显看出土体整体强度有很大提高,随着抽真空时间的增加,两者之间的差距逐渐凸显出来。每层土体的强度增长值近似相同,表明改进排水板的真空传递效果较好,淤堵问题较轻。

测试土体强度随深度变化关系,记录不同时间点土体强度随深度的变化规律,与普通排水板测试结果进行对比,见图6-20。

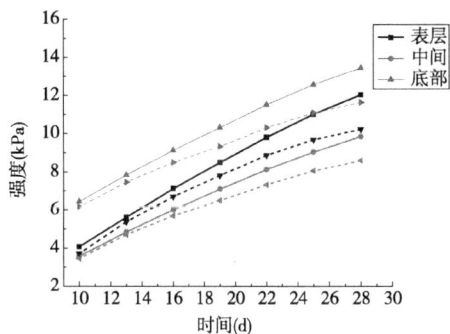

图6-19 5kPa 压力土体强度增长曲线

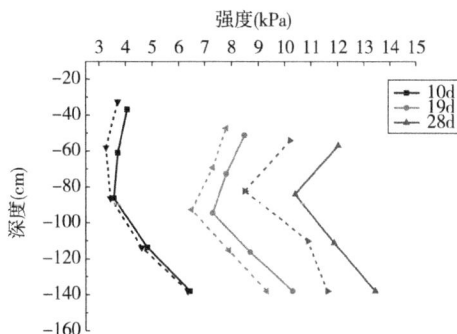

图6-20 不同时间土体强度随深度变化曲线

图6-20 中实线为改进排水板测试结果,虚线为普通排水板测试结果。10d 强度变化趋势一致,中部偏上稍有增大;19d 时已能看出强度整体变大,说明改进排水板真空传递效果更好;28d 时改进排水板优势明显,土体强度较高。从中间土体强度来讲,其强度偏小趋势已经减弱,证明排水板的淤堵问题得到有效解决。

再从含水率变化和沉降量大小来看,对比两者的不同,如图6-21、图6-22 所示。

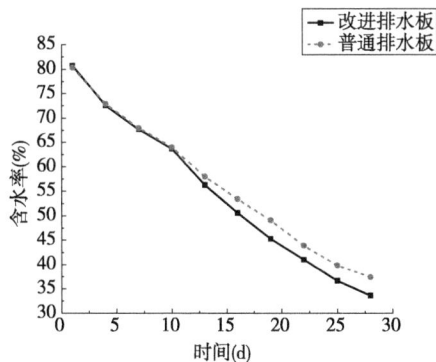

图6-21 表层含水率随时间变化曲线

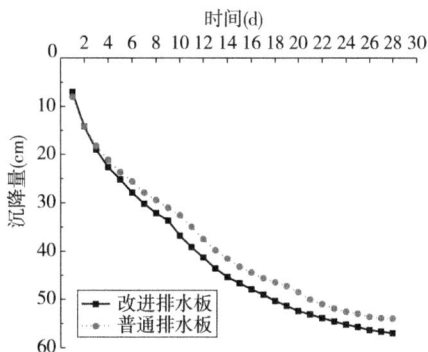

图6-22 土体表面沉降与时间曲线

从图6-21 含水率的变化可以看出,初期含水率变化较小,说明普通排水板前期淤堵较轻或不发生淤堵,以及关停真空泵的回流冲刷作用,前期真空传递效果尚好。随着抽真空时间的增加,普通排水板的淤堵问题显现出来,其土体含水率高于改进排水板土体,后期下降趋势趋于平缓,而改进排水板含水率下降近似直线,说明改进排水板能保持较好的真空度传递效果。同时改进排水板土体的沉降量明显优于普通排水板,再次证明土体内部真空度较高,改进排水板防淤堵效果较好。

图6-23为排水板硬壳层厚度随时间变化关系,对改进排水板与普通排水板壳层厚度进行对比分析。由于排水板的真空传递效果较好,使真空压力能有效传递至土体内部,故表面硬壳层厚度高于普通排水板。

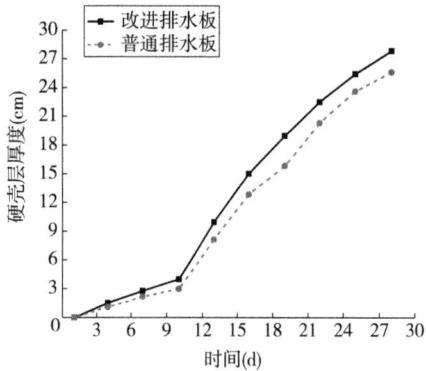

图6-23 硬壳层厚度随时间变化曲线

同样试验前在土体埋入两个孔隙水压力计,分别距模型槽底部30cm、85cm,对孔压值的监测频率初始采用1Hz,逐渐变为1h,由于每3d关闭真空泵进行一次强度测试,故每72h为一组绘制孔隙水压力值变化曲线,改进排水板与普通排水板进行孔压值对比,结果见图6-24。

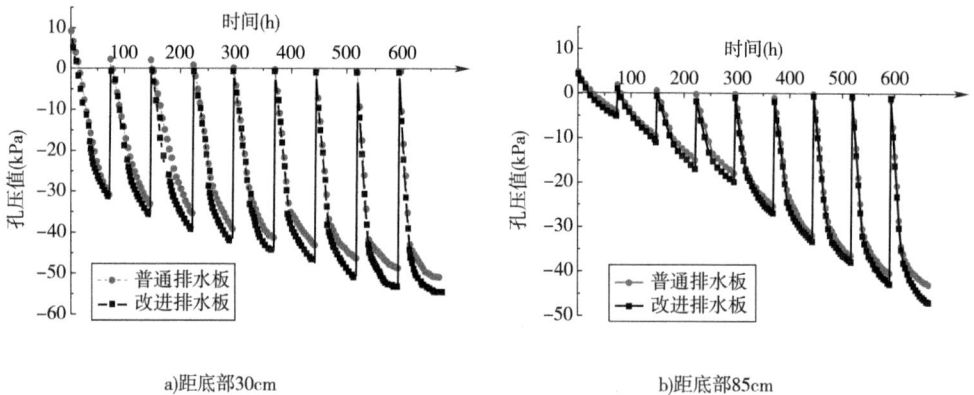

a)距底部30cm

b)距底部85cm

图6-24 改进板与普通板孔隙水压力值对比图

从图6-24中可以看出,改进排水板孔隙水压力值(即孔压值)低于普通排水板,随着抽真空时间的增加,两者差距越来越明显,改进排水板距底部30cm处孔压值逐渐接近 -60kPa,距底部85cm处负值逐渐接近 -45kPa。原因在于改进排水板防淤堵效果优于普通排水板,可以更好地向土体内部传递真空负压,使得土体孔隙水压力消散加快,土体强度得到较大提高。

对图 6-24a)、b)分析得出,在距底部 85cm 处改进排水板与普通排水板孔压差值明显小于距底部 30cm 处。这是由于低位真空预压竖向排水板这种布置形式,使得土体表层和底部接受负压作用范围较大,而中间土体受作用范围较小,导致中间孔隙水压力消散较慢,因而改进排水板对于提高土体中部强度的作用较小。

6.5　横向排水板低位真空预压联合堆载法

6.5.1　试验方案

通过前两次试验发现,排水板周围泥浆较快形成土体,最终强度也较高,以排水板为中心形成一个逐渐变粗的柱状体,越远离排水板土体强度越低,土体强度差异较大,即均匀性较差。为此,笔者提出一种新型的排水板铺设方法,将排水板水平放置,具体见图 6-25。横向铺设 4 根排水板,排水板两段向下弯曲至砂垫层,排水板竖直部分与立柱绑接,并用保鲜膜缠绕,意在使竖向排水板不对土体产生影响,但排水板内部透气透水,不影响真空度传递,排水板下部埋在砂垫层中,砂垫层厚 13cm。

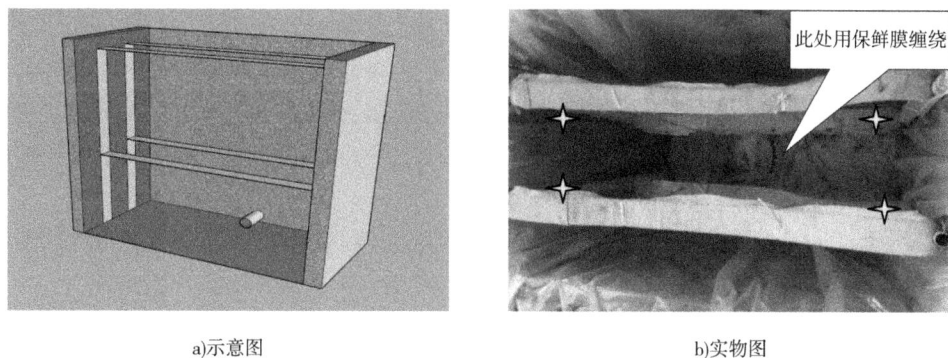

此处用保鲜膜缠绕

a)示意图　　　　　　　　　　　　　　　　b)实物图

图 6-25　横向排水板布置图

试验概况:泥浆总高度 138cm,平均含水率 86.6%,预计 28d 含水率可降至 38%,计算沉降 54.37cm(最终沉降 54cm)。孔隙水压力计用铁丝悬吊,分别距底部 30cm、85cm。泥浆静置 1d,表面析出 7cm 明水,铺一层 300g/m² 土工布,将泥和水分隔,用水泵把水抽出,测得泥浆含水率 80.2%。

6.5.2　试验成果分析

横向排水板与竖向排水板强度对比见图 6-26、图 6-27,图中实线为横向排水板所测结果,虚线为竖向改进排水板测试结果。

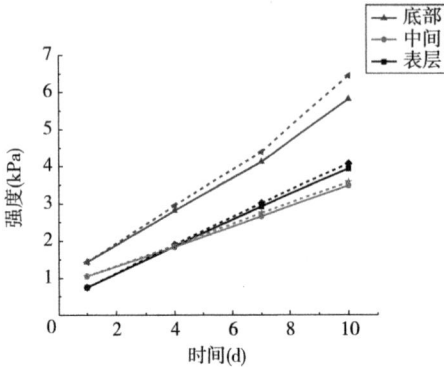

图 6-26　土体初始强度增长曲线

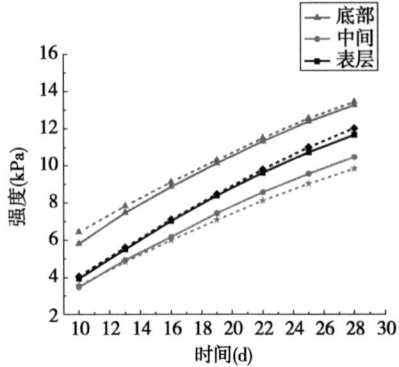

图 6-27　5kPa 压力土体强度增长曲线

从图 6-26、图 6-27 中可以看出初期,土体表面及中间强度相差较小,横向排水板底部强度低于竖向排水板,主要由于横向排水板底部真空压力只由砂垫层传递,没有排水板的作用,真空压力在土体中作用较弱。随着抽真空时间的增加并且在 5kPa 压力作用下,横向排水板与竖向排水板土体强度差距逐渐减小,并且横向排水板中间强度要高于竖向排水板,也就是说横向排水板的整体均匀性比竖向排水板好。从土体强度随深度的变化角度分析横向排水板与竖向排水板的差别,见图 6-28。

图 6-28 中实线为横向排水板测试结果,虚线为竖向排水板测试结果,可以看出横向排水板与竖向排水板强度随深度增加的趋势大体相同,但图中横向排水板中间土体强度随抽真空时间增加偏小趋势减小,更直观地表现出横向排水板土体的均匀性较好。

对于横向排水板与竖向排水板表层含水率、土体沉降及硬壳层厚度的对比分别见图 6-29 ~ 图 6-31。

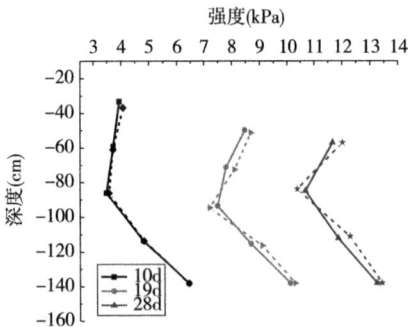

图 6-28　不同时间土体强度随深度变化曲线

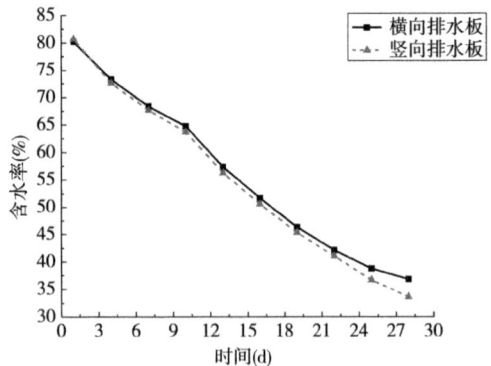

图 6-29　表层含水率随时间变化曲线

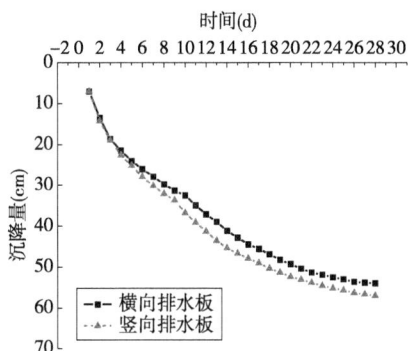

图 6-30 土体沉降与时间曲线

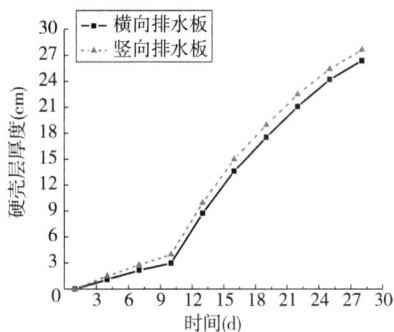

图 6-31 硬壳层厚度随时间变化曲线

从图 6-29～图 6-31 中可以看出,横向排水板的表层含水率高于竖向排水板,表面沉降低于竖向排水板,硬壳层厚度小于竖向排水板,主要原因在于横向排水板的排布方式增加了表层排水板的真空传递路径,也就增加了真空度传递过程中的损失,同时中间排水板的真空传递路径较短,这样更有利于形成均匀性较好的土体。

孔隙水压力在土体中不同位置的大小可直观反映排水板的真空度传递效果,同前方法,对横向排水板的孔隙水压力数据进行采集,并与改进排水板孔压值对比,见图 6-32。

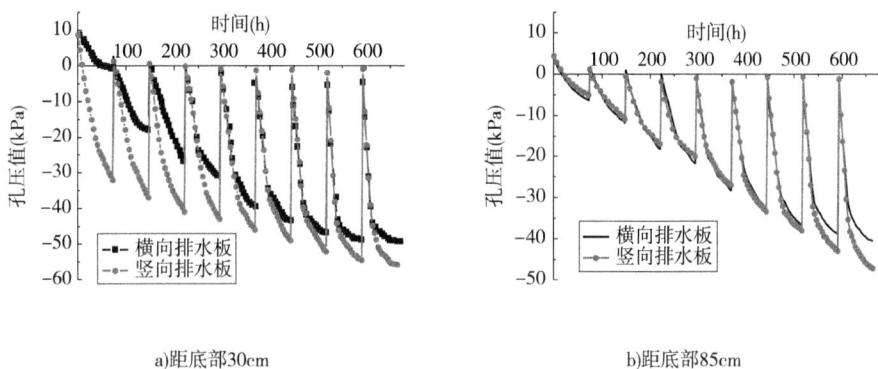

a)距底部30cm

b)距底部85cm

图 6-32 横向排水板与竖向排水板孔隙水压力值对比图

从图 6-32 分析得出,与竖向排水板孔压值相比,随着抽真空时间的增加,横向排水板距底部 30cm 处孔压值前期下降慢,后期下降快,距底部 85cm 处孔压值前期下降快,后期下降慢。原因在于横向排水板的布置形式在土体内形成 3 个真空负压层,分别为底部砂垫层、中间排水板和顶部排水板,负压不经排水板由砂垫层向底部土体传递较慢,而距底部85cm处孔压计与中间排水板距离较近,所以距底部85cm处孔压开始下降较快;随着抽真空时间增加,土体底部负压高于土体中间,因此距底部30cm处孔压后期下降快。整体上横向排水板试验孔压值的消散慢于竖向排水板,土体强度增长变缓,但是,横向排水板中间土体可以直接接受更大范围的真空负压作用,所以在抽真空过程中两处孔压值差值较小,即土体内部各处孔压消散更均匀,所以土体的均匀性较好。

6.6 低位真空预压联合堆载法数值模拟

本次数值模拟采用以上实际测得数据,采用 ABAQUS 非线性软件按实体 1:1 进行数值模拟。计算过程中,淤泥采用剑桥黏土模型,底部砂土采用摩尔—库仑模型。渗透系数见图6-1,变形模量与土体参数一致。土体剑桥模型计算参数见表6-1。

土体剑桥模型计算参数 表6-1

土层厚度（m）	重度 γ(kN/m³)	压缩指数 λ	回弹指数 κ	泊松比 ν	孔隙比 e_0	破坏常数 M	黏聚力 c(kPa)	内摩擦角 ϕ(°)
1.5	15.4	0.388	0.0179	0.447	2.19	0.4075	16	11

注:表中 λ 和 κ 为 $e - \ln p$ 压缩曲线和回弹曲线斜率

6.6.1 普通排水板计算成果分析

普通排水板计算几何模型见图6-33,计算单元为 C3D8P,共计44160个单元。计算过程分为以下几个步骤。

图6-33 普通排水板计算几何模型与单元划分

步骤1:地应力平衡;

步骤2:底部反压施加并固结3d;

步骤3:拆除顶部密封装置,持续2h;

步骤4:顶部密封,底部反压施加并固结3d;

重复步骤3、步骤4一次;

步骤7:拆除顶部密封装置,持续2h;

步骤8:顶部密封,同时在顶部施加5kPa荷载,底部反压施加,并固结3d;

重复步骤3、步骤4六次,结束。

普通排水板计算结束时土体位移和孔压分布云图见图6-34。

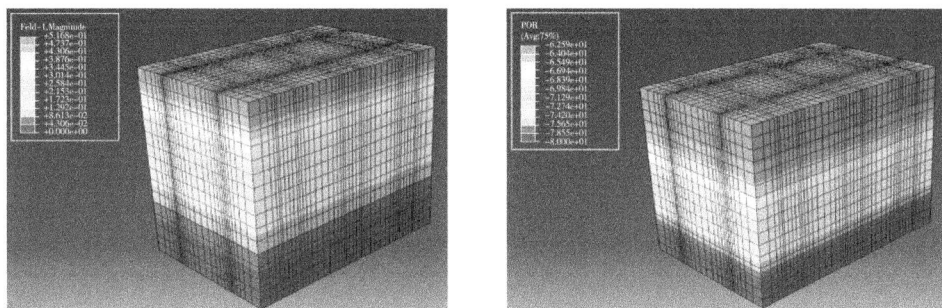

图6-34　普通排水板计算结束时土体位移和孔压分布云图

将普通排水板实际观测沉降曲线和孔压变化趋势与模型计算值对比,见图6-35。

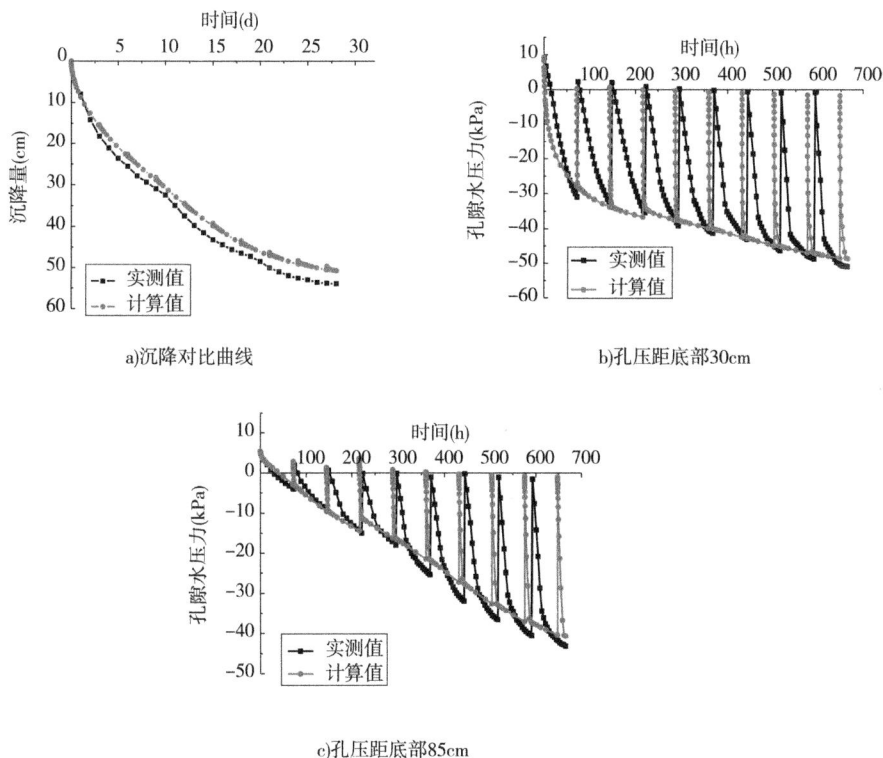

a)沉降对比曲线

b)孔压距底部30cm

c)孔压距底部85cm

图6-35　普通排水板沉降和孔压对比图

从图6-35a)中可以看出,沉降实测值与计算值变化趋势一致,实测值稍大于计算值,这是由于计算模型及参数与实际情况有一定差异,这种差异不可避免;从图6-35b)、c)看出实测孔压变化与计算孔压发展趋势基本一致,稍有不同,主要因为计算时将孔压消散理想化,而实际每次开启真空泵时孔隙下降比计算值慢。总体上,此种计算方法能有效反映实际工程中土体沉降与孔压发展变化趋势。

6.6.2 改进排水板计算成果分析

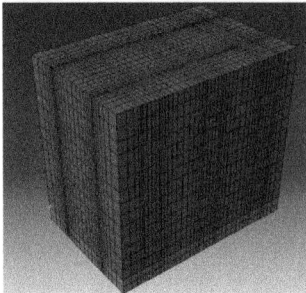

图6-36 改进板计算几何模型与单元划分

竖向改进排水板计算工况的几何模型与普通排水板计算工况的几何模型相同,不同之处在于将改进排水板的渗透系数增大为普通排水板的一半。改进排水板计算几何模型如图6-36所示,计算单元为 C3D8P,共计 44160 个单元。

计算过程与普通排水板一致。

改进排水板计算结束时土体位移和孔压分布云图见图6-37。

将改进排水板实际观测沉降曲线和孔压变化趋势与模型计算值对比,见图6-38。

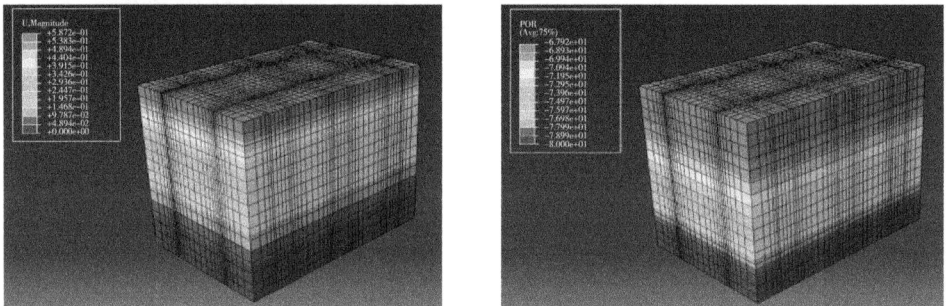

图6-37 改进排水板计算结束时土体位移和孔压分布云图

改进排水板与普通排水板的主要差别在于,改进排水板表面比普通排水板多一层土工布,土工布能有效防止土颗粒在真空泵吸力作用下进入排水板内部,因此真空预压后期,改进排水板对于真空度的传递效果较好。在计算时,无法直接模拟改进排水板的防淤堵功能,故而等效为增大排水板渗透系数。从图6-38分析可知,计算沉降值与实测结果基本吻合,模型预测孔压值稍大于实测值,是因为计算中排水板渗透系数保持不变,而实际试验时,随着抽真空时间的增加,排水板渗透系数逐渐变小。因而,这种等效计算方法可以模拟改进排水板低位真空预压试验,为工程实际提供理论依据。

a)沉降对比曲线

b)孔压距底部30cm

c)孔压距底部85cm

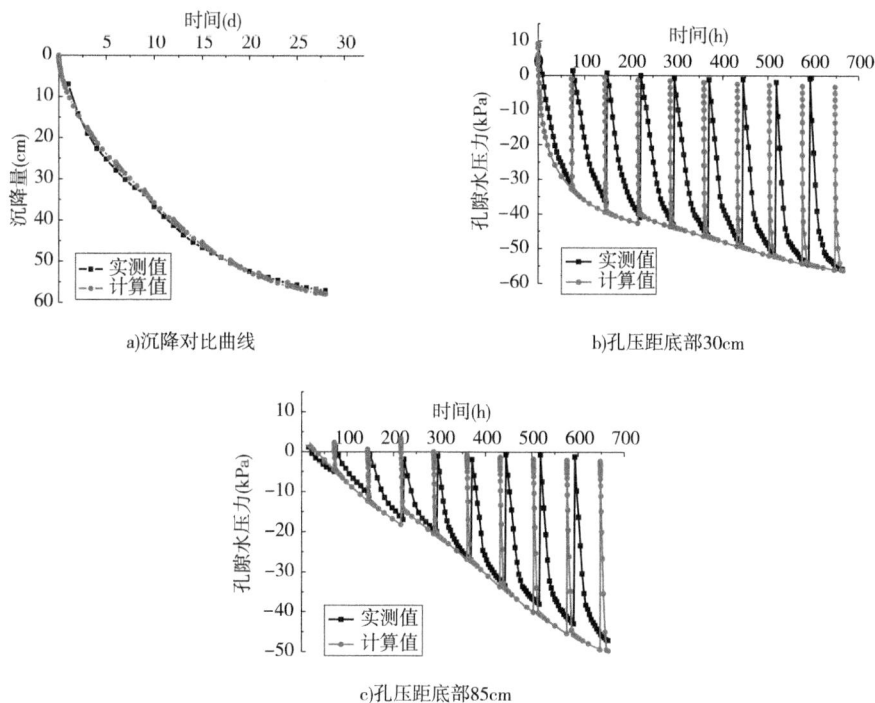

图6-38　改进排水板沉降和孔压对比图

6.6.3　横向排水板计算成果分析

考虑到横向排水板计算工况属于平面应变问题,因而计算采用二维模型。另外,横向排水板在竖直方向为对称布置,因而几何模型取为模型槽的一半。计算几何模型如图 6-39 所示,计算单元为 CPE4P,共计 8960 个单元。

计算过程与普通板一致。横向排水板计算结束时土体位移和孔压分布云图见图 6-40。

将横向排水板实际观测沉降曲线和孔压变化趋势与模型计算值对比,见图 6-41。

从图 6-41a)中看出,横向排水板计算沉降曲线与实测值变化趋势一致,但是在施加 5kPa 荷载后,简化二维模型不能很好反映实际土体位移,这一点有待进一步改进。图 6-41b)、c)中孔压计算值与实

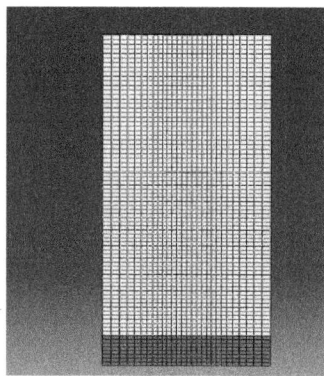

图6-39　横向排水板计算几何模型与单元划分

85

测值较为一致,缩小了竖向排水板理想化的误差。整体上用二维模型对横向排水板进行计算,可以预测沉降变化及孔隙水压力发展趋势。

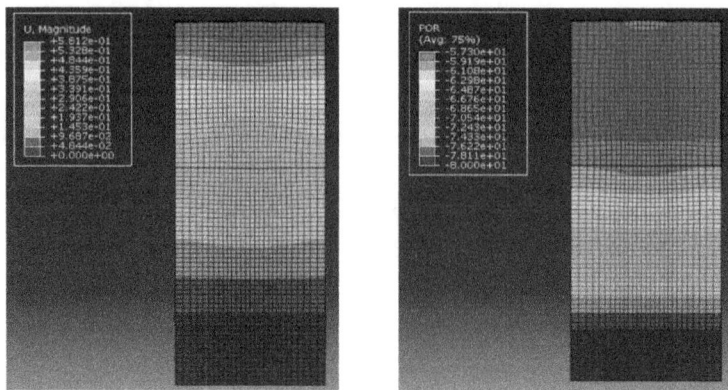

图6-40　横向排水板计算结束时土体位移和孔压分布云图

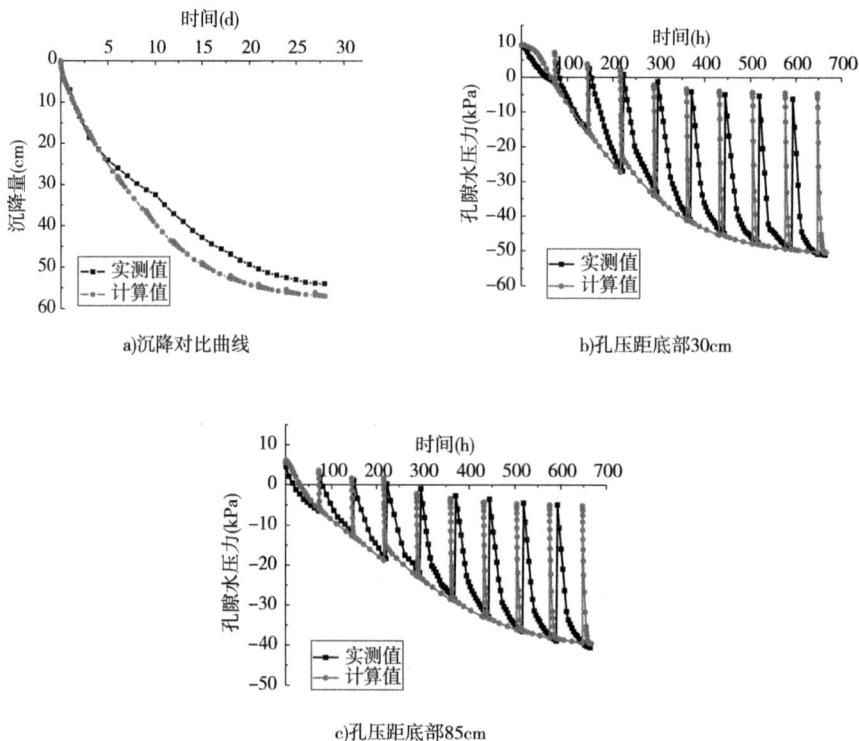

a)沉降对比曲线

b)孔压距底部30cm

c)孔压距底部85cm

图6-41　横向排水板沉降和孔压对比图

6.7 本 章 小 结

通过对普通排水板、改进排水板与横向排水板低位真空预压试验研究以及相应的数值模拟分析,可以得出以下结论。

(1)普通排水板低位真空预压:①抽真空 10d 土体最大承载力可达 15kPa;②在真空—堆载联合预压作用下,28d 土体强度为 10.22kPa,能满足大比尺水槽试验对地基承载力的要求;③土体平均含水率可降至 40% 以下,最终沉降为 54cm,且表层形成一层 25cm 厚的硬壳层,该硬壳层对提高地基承载力有较大帮助;④土体内部孔压值可达 −50kPa,所测两处孔压值差值较大;⑤底部土体强度最高,表层次之,中间土体强度偏低,整体呈两边硬中间软的夹心层。

(2)改进排水板低位真空预压:①前 10d 土体强度增长与普通排水板相差不多,后期土体强度增长明显比普通排水板快,地基承载力有较大提高;②28d 土体含水率明显低于普通排水板,沉降大于普通排水板,表层硬壳层厚度高于普通排水板;③土体内部孔压值可降至 −60kPa,真空度比普通排水板高;④中间土体强度有所提高,但是整体均匀性还是比较差。

(3)横向排水板低位真空预压:①土体强度增长比竖向排水板慢,但是中间土体强度高于竖向排水板试验;②28d 土体平均含水率为 36.8% ,土体沉降量小于竖向排水板,表层硬壳层厚度低于竖向排水板;③土体内部各处孔压值差值较小,土体均匀性好于竖向排水板。

(4)有限元数值模拟分析结果表明,此方法计算的土体沉降及孔隙水压力的变化规律与试验实测值基本一致,为实际工程模拟提供有效数值方法。但是在横向排水板的模拟过程中进行了二维简化,计算值与实测数据差值比竖向排水板大,有待进一步改进。

7 触变性在大比尺水槽超软地基土制作中的应用

7.1 试验方案选择

在大比尺波浪水槽中模拟波浪—结构物—软黏土地基相互作用时,受水槽尺度的影响,采用一定的比尺。由于软黏土的特殊性,相似规律很难满足,且水槽的尺度较大,模型用地基土方量较多,模型土体的选择、制备、固结方式和固结时间以及试验过程中土参数的测量等需要进行详细的研究,为大水槽中波浪—结构物—软黏土地基试验提供技术依据。

通过室内试验研究,地基土的制作方法主要有三种,分别为基于触变性超软土制作、基于固化作用超软土制作及基于低位真空预压超软土制作,但三种方法各自都存在一定的问题。基于触变性超软土制作由于直接进行含水率35%重塑土的制作,黏稠度较大,这就要求地基土制造机有特殊的内部构造,独特的出土设施;基于触变作用超软土制作由于加入了水泥,土体性质有所改变,对于相似性试验其模拟效果较差;基于低位真空预压超软土制作在试验中需要使用排水板,而排水板在试验后无法取出,增强了这种低强度土体的抗拉及抗剪强度,使得破坏试验破坏现象的相似性与原型差距较大。相比之下基于触变性超软土制作的模拟效果最佳,故而选择这种方法进行地基土制作。

7.2 小模型槽试验

小模型槽尺寸为 $L = 5\mathrm{m}$、$B = 1\mathrm{m}$、$H = 1.2\mathrm{m}$,如图7-1所示。

2015年4月10日至2015年5月20日在天科院大型水动力试验厅使用小模型槽进行堆载试验和动、静荷载试验研究,为大比尺水槽试验提供理论和技术依据。试验材料为临港工业区天科院大型水动力实验基地吹填软土,取样深度为 $1 \sim 2\mathrm{m}$。

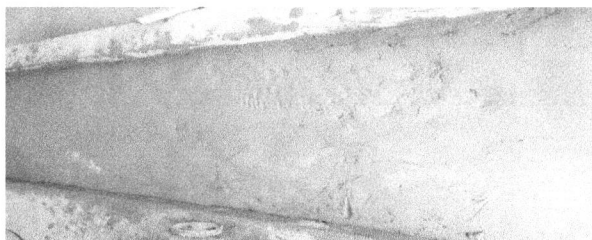

图 7-1 小模型槽试验实物图(重塑土)

7.2.1 堆载试验

2015 年 4 月 10 日下午至 2015 年 4 月 11 日制备重塑土,原状土含水率 27.5%,每 160kg 原状土加水 9kg,用地基土制造机搅拌均匀。

重塑土目标含水率 35%,目标十字板强度 6kPa。

2015 年 4 月 26 日测得土体含水率 35.1%,十字板强度 6.12kPa。

2015 年 4 月 27 日做堆载荷试验,地基土 $h = 1m$,水深 7cm,放置一块 0.85m × 1m 的木板作为刚性基础,用袋装石块逐袋加载至 1424.41kg(图 7-2),约 16.76kPa,与地基土计算中"考虑水对半圆体的浮力"地基容许承载力 17.1kPa 基本吻合。继续加载,模型向南一侧倾倒,地基失稳破坏。埋设一对孔压、土压传感器,埋深为 40cm (图 7-3)。

图 7-2 荷载

图 7-3 孔压、土压传感器

在荷载加载过程中对孔压、土压变化进行采集,见图 7-4。

图 7-4 中 01_03_13 为孔隙水压力计,01_03_14 为土压力计。当荷载加到约 10kPa 时,每层稳定 1min 再继续加载。从图中可以看出加载过程中孔压、土压随荷载增加逐渐增大。当荷载超过土体极限承载力时,加载物倾覆,土体破坏,孔压、土压急

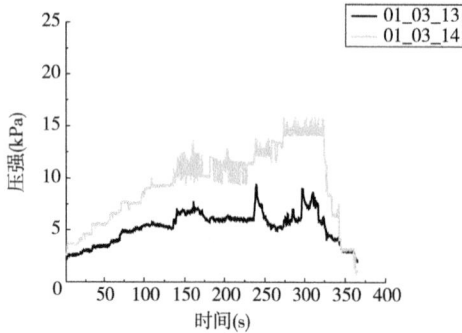

图 7-4　土压、孔压增长曲线

剧降低,但孔压先于土压降低。

7.2.2　动、静荷载试验

2015 年 5 月 13 日测得土体含水率 33.1%,十字板强度 7.5kPa。静荷载用砝码加载(图 7-5)。砝码每个重 5.1kg,砝码下铺一层土工布,压力为 2kPa。传感器布置两组,埋深 20cm,一组孔压土压计在荷载正下方,另一组在荷载周边作对比。当加载到第 10 个砝码时地基破坏,平均承载力 20kPa。动荷载用小型振动电机模拟,将其固定在砝码上部,通过振动马达无极调速器调节振动频率(图 7-6)。

图 7-5　静荷载

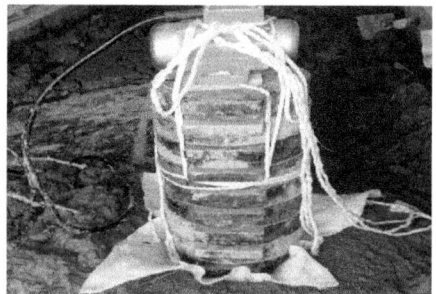

图 7-6　动荷载

图 7-7、图 7-8 中 01_03_13、01_03_16 为孔隙水压力计,01_03_14、01_03_15 为土压力计。

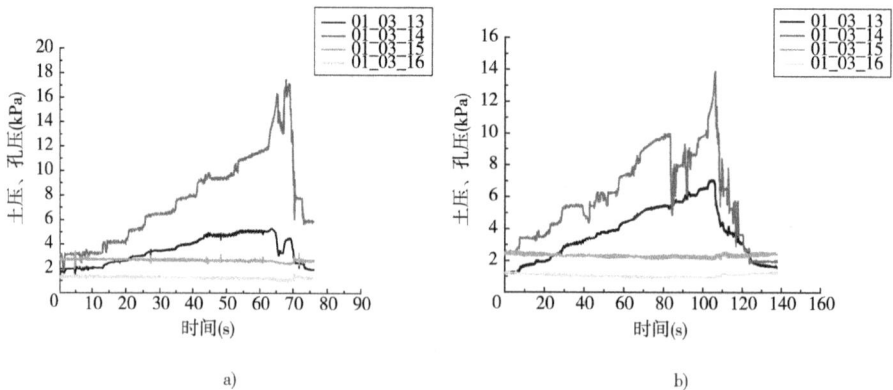

a)

b)

图 7-7　静载试验

图 7-7 表示对土体施加静荷载,用砝码逐个均匀加载直至地基破坏的静载试

验相关曲线。荷载正下方孔压、土压随荷载增加而逐渐增大,另一组孔压、土压无明显变化,说明传感器不受荷载影响。两组试验都表明,随着荷载增加,孔压、土压变大,当达到极限承载力时,砝码倾倒,地基破坏,孔压、土压明显下降。

对地基土进行动、荷载试验,采集试验过程中孔压、土压数据变化,见图7-8。

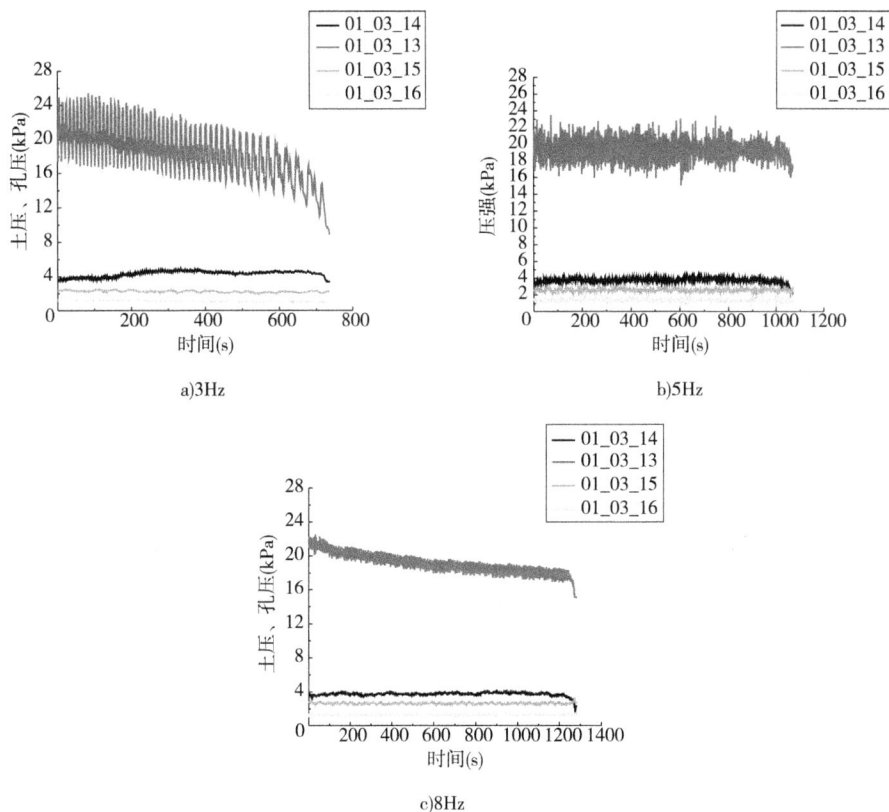

a)3Hz

b)5Hz

c)8Hz

图7-8 动载试验

从图7-8中可以看出,在动荷载作用下,有效应力减小,达到一定值后,土体软化破坏,砝码倾倒,土压、孔压急剧下降。随着振动频率的增大,振幅逐渐减小,土体软化破坏时间变长,可知在低频动荷载作用下,土体容易发生软化现象。

7.3 大比尺水槽超软地基土制作

基于小模型槽试验的经验和理论支持,于2015年6月18日至2015年7月10日在大型水动力试验水槽进行超软地基土制作。

图 7-9　泥浆制造机图

7.3.1　仪器介绍

　　泥浆制造机(图 7-9)驱动系统采用三相异步电动机和摆线针轮减速机相结合的方式(图 7-10),转速 50r/min,加之自制的内部构造(图 7-11),可以使泥浆搅拌均匀而又不粘在泥浆机内部,电机下方放置一个筒式风扇帮助电机散热,以使之连续工作。泥浆筒可以整体翻转,将制造均匀的土体倒入模型槽内。

图 7-10　电动机及减速机

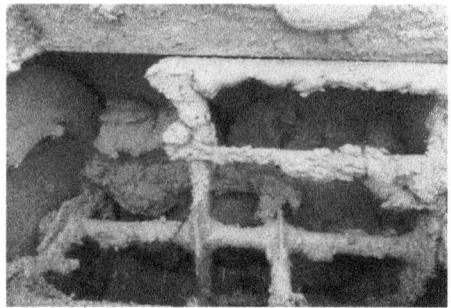

图 7-11　内部构造

7.3.2　超软地基土制作

　　大型水动力试验水槽(简称模型槽)尺寸为 $L = 23m$, $B = 5m$, $H = 4m$,见图 7-12,两侧各放置两台泥浆制造机,每侧配备 6 名工人,土及水的称量由专人负责,每天出土量 $23m^3$ 左右。搅拌均匀的土体通过运输斗(图 7-13)运到模型槽内,模型槽内土体用塑料布覆盖保湿。每层添加0.5m后人工踩平并用振动机振动压实。用激光投线仪和米尺相结合进行土体高程定位,当达到一定高度时埋入传感器(孔隙水压力计、土压力计)。每 1m 进行十字板测试及静载试验,以确定土体强度满足要求。最后人工抹平,覆盖土工布及塑料布,保湿养护。根据第 2 章试验结果可知,土体静置 15d 强度可以满足要求。试验过程如图 7-13 ~ 图 7-19 所示。

图 7-12　模型槽

图 7-13　运输斗

图 7-14　土、水称重

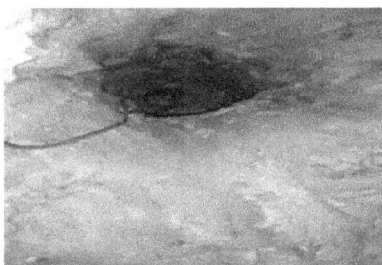

图 7-15　埋入传感器

图 7-16　强度测试

图 7-17　吊运

图 7-18　压实、抹平

图7-19 保湿养护

7.3.3 十字板测试结果

十字板测试手段采取便携式十字板剪切仪(图 7-20)。整套仪器由 1 个弹簧扭力计、6 根延长杆、4 个不同尺寸的十字板头(图 7-21)、1 只板头杆和 3 个扳手组成。弹簧扭力计是整套仪器的测量装置,主要利用弹簧的扭转变形来测量十字板头在土体中旋转运动时的抵抗力矩,进而获得被测土体的剪切强度。延长杆用于连接十字板头和扭力计,延长杆共 6 根,每根直径 $\phi10mm$、长度 $500mm$,6 根延长杆首尾相连后的最大长度为 3m。十字板头是对待测土体施加剪切力的执行装置,共有 4 种尺寸,以适应不同硬度的土体。

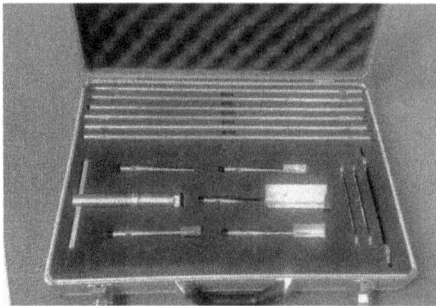

图7-20 十字板剪切仪

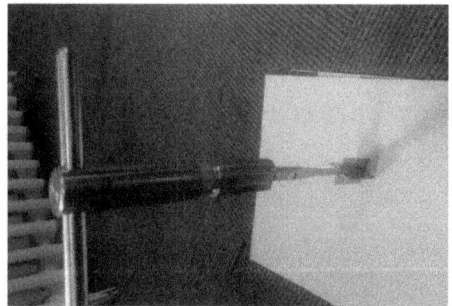

图7-21 弹簧扭力计及十字板头

土体静置 15d(2015-07-11—2015-07-25),十字板测试结果见图 7-22。从图7-22中可以看出,土体强度缓慢均匀增长,前 7d 增长较快,7d 之后增长缓慢。模型槽两侧土体强度稍大于中部,但总体来说土体静置 15d 强度达到 6.2kPa 左右,可以满足试验要求。

　　2015 年 9 月 22 日试验前期准备工作已完成,对放置模型处地基土进行十字板测试,测试结果见图 7-23。从图 7-23 中分析得出,土体强度随深度增加基本呈线性增长,说明地基土整体均匀性较好,强度也满足试验要求。南北侧强度稍大于中间强度,由于南北两侧处于边界,使地基土含水率降低,强度偏高。

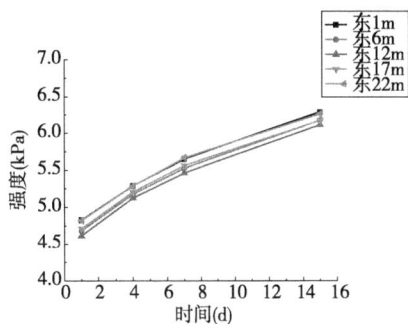

图 7-22　土体强度增长曲线

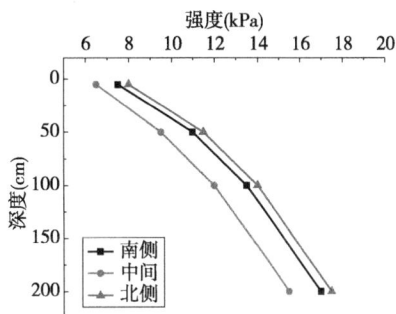

图 7-23　土体强度随深度变化曲线

7.3.4　波浪荷载试验

　　2015 年 10 月 13 日试验前对土体强度进行测试,见图 7-24。与 2015 年 9 月 22 日测试结果相比,土体强度有一定程度提高,这是由于土体强度会随着静置时间增加而增长。

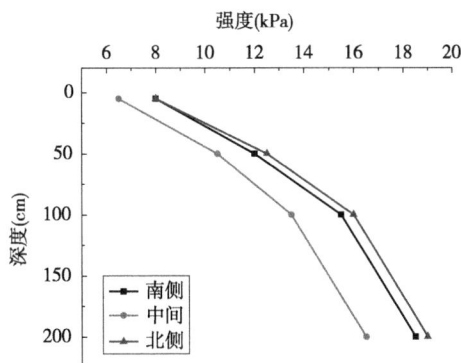

图 7-24　土体强度随深度变化曲线

孔压传感器和土压传感器布设位置见图 7-25。

第一排	第二排	第三排	第四排	第五排	第六排	第七排	第八排
1P01○						7P01○	
1P02○•1E01	2P01○•2E01	3P02○•3E01	4P01○•4E01	5P01○•5E01	6P01○•6E01 6P02○	7P02○•7E01 7P03○	8P01○•8E01 8P02○
1P03○	2P03○	3P03○	4P02○	5P02○•5E02	6P03○•6E02	7P04○•7E02	
1P04○•1E02	2P04○	3P04○•3E02	4P03○•4E02	5P03○•5E03	6P04○	7P05○•7E03	•8E02
1P05○	2P05○•2E02	3P06○•3E03	4P04○ 4P05○•4E03	5P04○•5E04	6P05○•6E03	7P06○•7E04	
1P06○•1E03	2P06○ 2P07○	3P08○•3E04	4P06○•4E06	5P05○•5E05	6P06○ 6P07○•6E04	7P07○•7E05	•8E03
1P07○	2P08○•2E06	3P09○•3E05	4P08○•4E05		6P08○•6E05		
	2P09○	3P10○	4P09○				
•1E04	2P10○•2E04	3P11○•3E06	4P10○•4E06	5P06○•5E06	6P09○•6E06	7P08○•7E06	8P03○•8E04
1P08○•1E05	2P11○•2E05	3P12○	4P11○				•8E05
	2P12○	3P13○•3E07	•4E07	•5E07	6P010○•6E07	•7E07	
1P06○•1B06			4P12○•4E08	•5E08	6P11○•6E08		8P04○•8E06

造波侧 （左） 消波侧 （右）

图7-25　孔压传感器、土压传感器布设位置图

采集的孔压、土压数据较多,选择模型正下方有代表性的 4P01、4E01 和 4P08、4E05 这两组数据进行分析,4P01、4E01 位于模型正下方 0.1m,4P08、4E05 位于模型正下方 1.2m。测试结果见图 7-26 ~ 图 7-29。

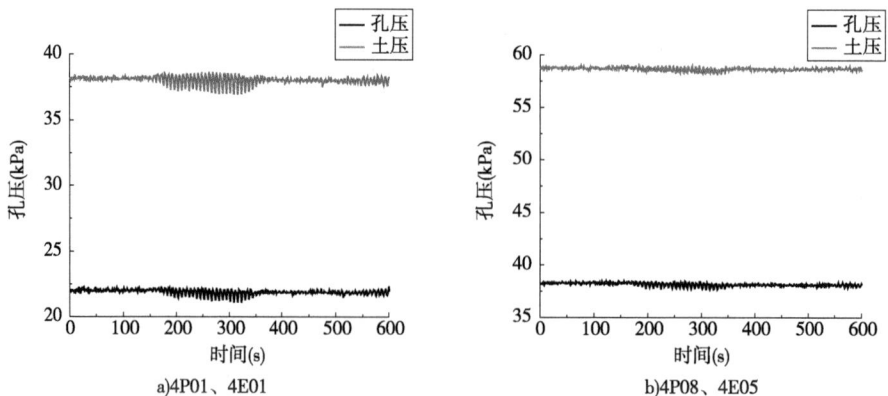

a)4P01、4E01　　　　b)4P08、4E05

图7-26　试验水深1.51m、波高0.2m、波浪作用时间100s

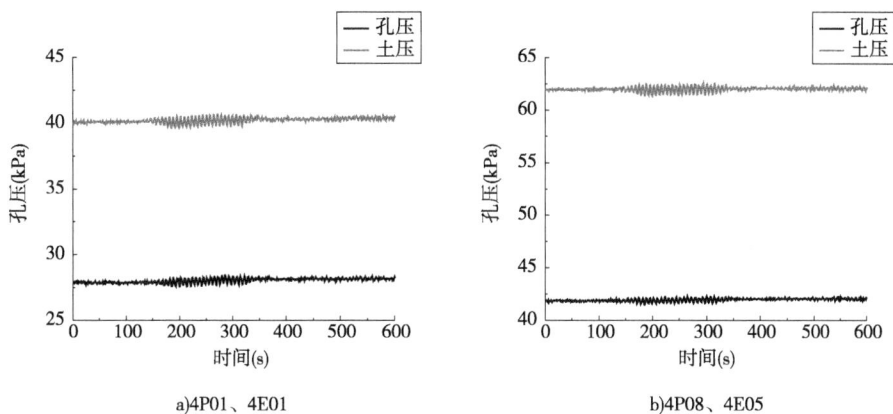

a)4P01、4E01   b)4P08、4E05

图 7-27　试验水深 2.19m、波高 0.2m、波浪作用时间 100s

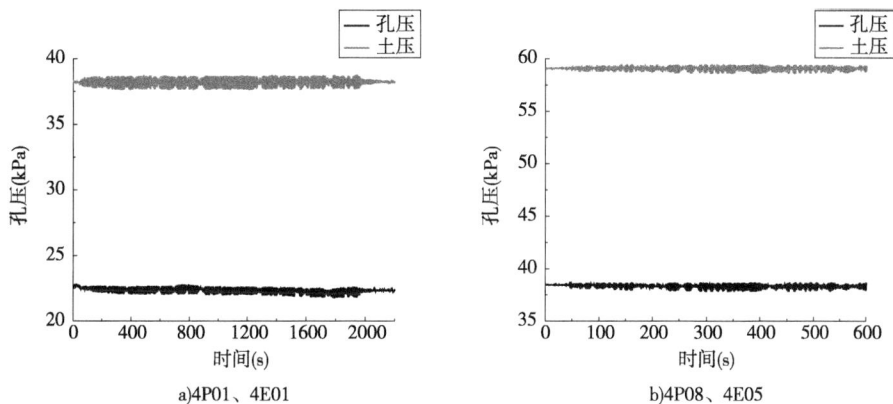

a)4P01、4E01   b)4P08、4E05

图 7-28　试验水深 1.51m、波高 0.2m、波浪作用时间 1800s

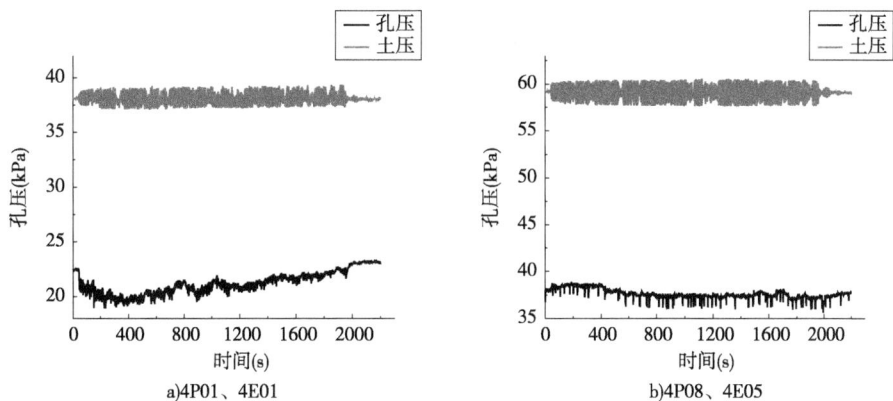

a)4P01、4E01   b)4P08、4E05

图 7-29　试验水深 1.51m、波高 0.4m、波浪作用时间 1800s

试验低水位为1.51m,高水位为2.19m,波高为0.2m、0.4m,由于造波机原因,输入0.4m波高时,实际波高可达0.6m。从图7-26、图7-27分析得出,孔压、土压所采集数据能反映出波浪作用,并且随深度增加,波浪力在孔压、土压上的反应逐渐变小。对比图7-26～图7-29可知,在小波浪作用下,孔压、土压随波浪力而规则变化;在大波浪长期作用下,土压变化较规则,而孔压则不规则变化。这是由于在大波浪作用下,波浪力对结构物瞬间产生较大力作用,结构物将力传递给地基,如果地基部分破坏则孔压下降[图7-29a)],如果地基不破坏则地基中产生超孔隙水压力,孔压变大[图7-29b)];当地基部分破坏时,结构物产生微小位移或下沉,稳定后,波浪力继续作用,地基重复上述过程;当孔压累计到一定值后,结构物产生较大位移或下沉,地基破坏,结构物不适合继续工作。土体破坏照片见图7-30。

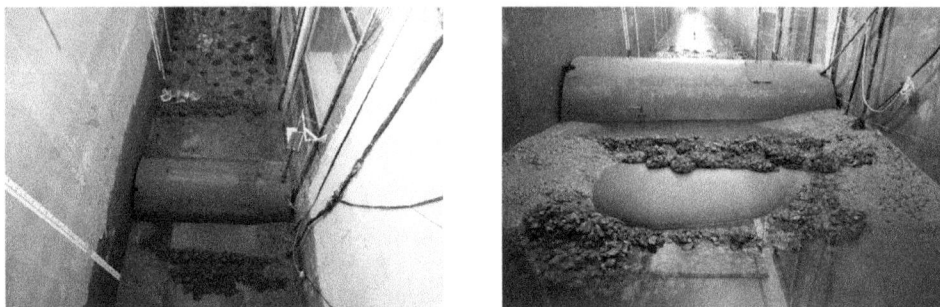

图7-30　土体破坏照片

7.4　本章小结

(1)根据静载荷试验可知,均匀缓慢加载,土压、孔压随压力逐渐增大,达到土体极限承载力后,土压、孔压下降;含水率33%～35%土体,静置15d,承载力可达17kPa,满足大比尺水槽试验要求。

(2)动力模拟试验表明孔压、土压随动荷载而变化,低频动荷载更容易使土体软化;动荷载持续作用,有效应力降低,达到一定值后,土体软化破坏,加载物倾倒,土压、孔压急剧下降。

(3)大比尺水槽波浪试验表明,土体强度随静置时间增加而增长,前期增长快,后期增长慢;孔压、土压随波浪作用而变化,传感器埋置深度越深,对波浪力响应越小;大波浪长期作用下,孔压呈不规则变化,孔压累积达到一定值后,土体软化破坏。

8　结论与展望

8.1　结　　论

（1）在广泛调研和吸收已有先进技术的基础上，进行大比尺波浪水槽造波机的规则波造波及测试，并进行了大量的研究工作。进行规则波吸收式造波，能够在大比尺波浪水槽中进行长时间的波浪试验，造波稳定性满足恶劣水文条件地基试验长时间造波的需求。

（2）本书以长江口深水航道治理工程二期整治建筑物为背景，研究超软地基土制作技术及应用，进行了基于触变性、固化作用及低位真空预压试验，并从微观角度解释了触变土和固化土强度增长，利用有限元对低位真空预压结果进行模拟推算，主要结论如下：

①基于触变性超软土制备及力学特性分析可知：（a）含水率35%的重塑土静置15d十字板强度达到6kPa，能够满足大比尺水槽试验对土体强度的要求。（b）分级堆载作用下，土体强度随时间不断增长，含水率降低；超过土体极限承载力时，土体产生较大变形、隆起等现象。（c）触变微观机理分析表明，在土体触变过程中，土颗粒数量减少，等效直径、圆度和形态比变大，孔隙数量、等效直径、圆度和形态比都呈减小趋势，宏观上表现为土体强度随静置时间增加而逐渐变大。

②基于固化作用超软土制备及力学特性分析得到：（a）在高含水率黏土中掺入不同配比水泥，试样十字板强度随龄期增加逐渐增长，含水率随龄期增加而降低；土体强度主要受含水率和水泥掺入比影响，含水率不变，水泥掺入比越大，强度越高，水泥掺入比不变，含水率越高，强度越低；试样后期强度增长主要取决于含水率，含水率越高，后期强度增长越慢，反之，后期强度增长越快。（b）温度对试样强度有一定影响，标准养护试样强度高于低温养护试样强度，但二者差距较小，即低温（>0℃）不影响掺入少量水泥土体结构形成。（c）含水率80%~90%掺入2.5%水泥试样14d后强度满足大比尺水槽试验对地基土强度要求；十字板强度随深度增加呈线性增长；试样具有一定结构性，结构屈服应力高于相同十字板强度的重塑土。（d）含水率84.5%+2.5%水泥进行微观分析表明，在土体固

化过程中,颗粒和孔隙数量明显减少,颗粒等效直径、圆度和形态比变大,孔隙等效直径、圆度和形态比变小,土体结构逐渐形成;微观结构后期变化平缓,有利于强度控制。

③基于低位真空预压超软土制备及力学特性分析得出:(a)普通排水板低位真空预压抽真空 28d 表层土体强度为 10.22kPa,能满足大比尺水槽试验对地基承载力的要求;底部土体强度最高,表层次之,中间土体强度偏低,整体呈两边硬中间软的夹心层。(b)改进排水板低位真空预压后期土体强度增长明显比普通排水板快,地基承载力有较大提高;28d 土体含水率明显低于普通板,沉降大于普通板,表层硬壳层厚度高于普通板;土体内部孔压值可降至 −60kPa,中间土体强度有所提高,但是整体均匀性还是比较差。(c)横向排水板低位真空预压土体强度增长比竖向排水板慢,但是中间土体强度高于竖向排水板试验,土体均匀性较好。

④触变性在大比尺水槽超软地基土制作的应用表明:(a)根据小模型槽试验确定制造含水率33% ~35%、静置15d 土体能满足试验要求。(b)静荷载试验表明,均匀加载,孔压和土压不断增长,达到土体极限承载力后,加载物倾倒土体破坏,土压、孔压骤然降低;动力模拟试验表明,动荷载持续作用,有效应力降低,至一定值后,土体软化破坏。(c)大比尺水槽波浪动力试验表明,孔压、土压随波浪作用而变化,传感器埋置深度越深,对波浪力响应越小;大波浪长期作用下,孔压呈不规则变化,累积达到一定值后,土体软化破坏。

8.2 展　　望

(1)大比尺波浪水槽造波技术是基于机电技术、控制理论、水动力学以及波浪理论等多学科的综合技术,今后应花大力气在波浪测试、主动吸收造波以及特殊波浪模拟方面开展更深入的研究。

(2)本书通过基于软土触变性、固化作用以及低位真空预压作用超软土制备三种方法来研究超软地基土制作技术,由于土体强度过低,无法进行动三轴试验,不能对土体应力—应变关系进行细致研究。又限于实验室条件,对超软土微观结构的研究仅限于二维,而基于二维微观分析所得的超软土结构特性可能与实际情况有偏差。因此,若要详细了解超软土的工程特性,需结合土的三维微观结构特征,进而分析强度增长机理。

(3)本书只对波浪力与土压力和孔隙水压力关系进行了试验数据分析,因此,可将建立波浪力与土压、孔压关系的预测模型作为接下来重点研究内容。

参 考 文 献

[1] 闫玥.长江口导堤软黏土地基在波浪荷载作用下强度软化的特性研究[D].天津:天津大学,2007.

[2] 封晓伟.波浪循环荷载作用下防波堤—地基稳定性研究[D].天津:天津大学,2009.

[3] 张馨竹.循环荷载作用下考虑软基弱化效应时防波堤的稳定性分析[D].天津:天津大学,2013.

[4] Hyde A F L,et al. A pore pressure and stability model for a silty clay under repeated loading[J]. Géotechnique,1985,35(2):113-125.

[5] Matsui T,et al. Cyclic stress-strain history and shear characteristics of clay[J]. Journal of the Geotechnical Engineering Division, ASCE, 1980, 6 (10): 1101-1120.

[6] Yasuhara K,et al. Cyclic strength and deformation of normally consolidated clay[J]. Soils and Foundations,1982,22 (3):77-91.

[7] Matasovic N,et al. Generalized cyclic degradation-pore pressure model for clays[J]. Journal of the Geotechnical Engineering Division, ASCE, 1995, 121 (1): 33-41.

[8] Azzouz A,et al. Cyclic behavior of clays in undrained simple shear[J]. Journal of the Geotechnical Engineering Division,ASCE,1989,115(5):637-657.

[9] Malek AM. Cyclic behavior of clay in undrained simple shearing and application off shore structures [J]. Journal of the Geotechnical Engineering Division, ASCE, 1989,115(5):615-636.

[10] Ladd C C,et al. Stress-deformation and strength characteristics[J]. Proceedings of the Ninth International Conference on Soil Mechanics and Foundation Engineering,Tokyo,Japan,1977,2:421-494.

[11] 吴明战,周洪,陈竹昌.循环加载后饱和软黏土退化性状的试验研究[J].同济大学学报,1998,26(3):274-278.

[12] 章克凌,陶振宇.饱和黏土在循环荷载作用下的孔压预测[J].岩土力学,1994,15(3):9-17.

[13] 唐益群,张曦,赵书凯.地铁振动荷载下隧道周围饱和软黏土的孔压发展模型[J].土木工程学报,2007,40(4):8386.

[14] 顾中华. 循环荷载作用下偏压固结饱和黏土孔压模型[J]. 地下空间与工程学报,2007,3(4):776-780.

[15] 周建. 循环荷载作用下饱和软黏土特性研究[D]. 杭州:浙江大学,1998.

[16] 闫澍旺,封晓伟,田俊峰. 循环荷载下滨海软黏土孔压发展规律及强度弱化特性[J]. 中国港湾建设,2010,169(1):87-89.

[17] Parr G B. Some Aspects of the Behavior of London Clay under Repeated Loading [D]. University of Nottingham,UK,1972.

[18] Barksdale R D. Repeated Loading Test Evaluation of Base Course Material[R]. Georgia Institute of Technology,1972.

[19] Monismith C L,Ogawa N,Freeme C R. Permanent Deformation Characteristics of Subgrade Soils due to Repeated Loading[J]. Transport Research Record,1975, 537:1-17.

[20] Chai J C,Miura N. Traffic-Load-Induced Permanent Deformation of Road on Soft Subsoil[J]. Journal of Geotechnical and Geo environmental Engineering, 2002, 128(11):907-916.

[21] Atilla M A,Afer E. Undrained Behavior of Clay under Cyclic Shear Stresses[J]. Journal of Geotechnical Engineering,1989,115(7):968-983.

[22] Hyodo M,Yasuhara K,Hirao K. Prediction of Clay Behaviour in Undrained and Partially Drained Cyclic Triaxial Tests[J]. Soilsand Foundations,1992,32(4): 117-127.

[23] 刘一亮,刘祖德,杨起敬. 周期荷载下软土残余变形的模型试验研究[J]. 武汉水利电力学院学报,1992,25(4):353-361.

[24] 王建华,要明伦. 软黏土不排水循环特性的弹塑性模拟[J]. 岩土工程学报, 1996,18(3):11-18.

[25] 黄茂松,李进军,李兴照. 饱和软黏土的不排水循环累积变形特性[J]. 岩土工程学报,2006,28(7):891-895.

[26] 李兴照. 饱和软黏土的流变和循环流变特性研究[D]. 上海:同济大学,2005.

[27] 李进军,交通荷载作用下饱和软黏土长期沉降分析[D]. 上海:同济大学,2005.

[28] 阎澍旺. 往复荷载作用下重塑软黏土的变形特性[J]. 岩土工程学报,1991,13 (1):48-53.

[29] 王军. 单、双向激振循环荷载作用下饱和软黏土动力特性研究[D]. 杭州:浙江大学,2007.

[30] 杨灿文,周胜平.路基土动力特性的试验研究[R].铁道科学研究院铁道建筑研究所,1986.

[31] Seed H B,Chan C K. Clay strength under earthquake loading conditions[J]. Journal of Soil Mechanics and Foundations Divisions,1966,92(2):53-78.

[32] Andersen K H,et al. Cyclic and static laboratory tests on Drammen clay[J]. Journal of the Geotechnical Engineering Division,ASCE,1980,106 (5):499-529.

[33] Yasuhara K,Hirao K,Hyde A F L. Effects of cyclic loading on undrained strength and compressibility of clay[J]. Soils and Found,1992,32(1):100-116.

[34] Matsui T,Bahr M A,Abe N. Estimation of shear characteristics degradation and stress-strain relationship of saturated clays after cyclic loading[J]. Soils and Foundations,1992,32(1):161-172.

[35] 王淑云,楼志刚.原状和重塑海洋黏土经历动载后的静强度衰减[J].岩土力学,2000,21(1):20-24.

[36] 高广运,顾中华,杨宏明.循环荷载下饱和黏土不排水强度计算方法[J].岩土力学,2004,25(S2):379-382.

[37] 吴明战,周洪,陈竹昌.循环加载后饱和软黏土退化性状的试验研究[J].同济大学学报,1998,26(3):274-278.

[38] 汪小平,刘厚平,周晖.循环荷载作用后饱和软黏土抗剪强度变化规律的试验研究[J].铁道建筑,2006(4):56-58.

[39] 郑刚,霍海峰,雷华阳.循环荷载后原状与重塑饱和粉质黏土不排水强度性状研究[J].岩土工程学报,2012,34(3):400-408.

[40] 闫澍旺,封晓伟.天津港软黏土强度循环弱化试验研究及应用[J].天津大学学报,2010,43(11):943-948.

[41] 刘烨.循环荷载作用下饱和黏土不排水抗剪强度模型及应用[D].天津:天津大学,2007.

[42] Hardin B O,Drnevich V P. Shear modulus and damping in soils design equations and curves[J]. Journal of the Soil Mechanics and Foundations Division,1972,98(7):667-692.

[43] 沈珠江.一个计算砂土液化变形的等价黏弹性模式[C]//中国土木工程学会第四届土力学及基础工程学术会议论文选集,1986:199-207.

[44] 陈生水,沈珠江,钢筋混凝土面板坝的地震永久变形分析[J].岩土工程学报,1990,12(3):66-72.

[45] Iwan W D. On a class of models for the yielding behavior of continuous and com-

posite systems[J]. Appl Mech,1967,4(3):612-617.

[46] Martin G R,Finn WD L,Seed H B. Effects of system compliance on liquefaction tests[J]. Journal of the Geotechnical Engineering Division, 1978, 104 (4): 463-479.

[47] Mroz Z,On the description of anisotropic work hardening[J]. Journal of the Mechanics and Physics of Solids,1967,15(3):163-175.

[48] Mroz Z,Norris V A,Zienkiewicz O C. An anisotropic hardening model for soils and its application to cyclic loading[J]. International Journal for Numerical and Analytical Methods in Geomechanics,1978,2(3):203-221.

[49] Prevost J H. Mathematical modeling of monotonic and cyclic undrained clay behavior[J]. International Journal for Numerical and Analytical Methods in Geomechanics,1977,1(2):195-216.

[50] Prevost J H. Anisotropic undrained stress-strain behavior of clays[J]. Journal of the Geotechnical Engineering Division,1978,104(8):1075-1090.

[51] Prevost J H. Plasticity theory for soil stress-strain behavior[J]. Journal of the Engineering Mechanics Division,1978,104(EMS):1177-1194.

[52] Dafalias Y F,Popov E P. A model of nonlinearly hardening materials for complex loading[J]. Acta Mechanica,1975,21(3):173-192.

[53] Dafalias Y F,Herrmann L R. Bounding surface formulation of soil plasticity,Mathematical foundation and hypoplasticity[J]. Journal of Engineering Mechanics, ASCE,1986,112 (9):966-987.

[54] Krieg R D. Apractical two surface plasticity theory[J]. Journal of Mechanics Applied,1975,42(3):641- 646.

[55] Aboim C A,Roth W H. Bounding-surface-plasticity theory applied to cyclic loading of sand[J]. Proceedings of the International Symposium on Numerical Models in Geomechanics,Zurich,1982:65-72.

[56] Pande G N,Pietruszczak S. "Reflecting surface" model for soils[J]. Proceedings of the International Symposium on Numerical Models in Geomechanics,Zurich, 1982:50-64.

[57] Bardet J. Bounding surface plasticity model for sands[J]. Journal of Engineering Mechanics,1986,112(11):1198-1217.

[58] Hashiguchi K. Subloading surface model in unconventional plasticity[J]. International Journal of Solids and Structures,1989,25(8):917-945.

［59］Asaoka A, Nakano M, Noda T. Superloading yield surface concept for highly structured soil behavior［J］. Soils and Foundations, 2000, 40（2）:99-110.

［60］Valanis K C. Endochronic Theory with Proper Hysterisis Loop Closure Properties［R］. Systems Science and Soft-ware Report, 1979.

［61］霍海峰. 循环荷载作用下饱和黏土的特性研究［D］. 天津:天津大学, 2012.

［62］Mayne PW. Cam-clay prediction of undrained strength［J］. Journal of the Geotechnical Engineering Division, ASCE, 1980, 106（6）:1219-1242.

［63］费康, 张建伟. ABAQUS 在岩土工程中的应用［M］. 北京:中国水利水电出版社, 2010:4-5.

［64］朱向荣, 王金昌. ABAQUS 软件中部分土模型简介及其工程应用［J］. 岩土力学, 2004, 25（增2）:144-148.

［65］中华人民共和国行业标准. 海港水文规范:JTS 145-2—2013［S］. 北京:人民交通出版社, 2013.

［66］刘翰琪. 考虑软黏土循环弱化效应的重力式防波堤地基承载力分析［D］. 天津:天津大学, 2014.

［67］中华人民共和国行业标准. 防波堤设计与施工规范:JTS 154-1—2011［S］. 北京:人民交通出版社, 2011.

［68］肖忠. 软土地基上新型防波堤结构的稳定性分析［D］. 天津:天津大学, 2009.

［69］刘针, 陈汉宝, 张慈珩. 小面积掩护水域波浪物理模型与数学模型对比研究［J］. 水道港口, 2009, 30（4）:241-245.

［70］刘针, 栾英妮. 大连港太平湾港区波浪物理模型研究［J］. 水道港口, 2014, 35（2）:130-134.

［71］刘针, 陈志春, 大型港口潜堤越浪后港内波况研究［J］. 水道港口, 2010, 31（6）:561-565.

［72］刘针, 孟祥玮, 姜云鹏, 戈龙仔. 大比尺水槽波浪—防波堤—地基相互作用试验方法初探［J］. 水道港口, 2015, 36（6）:484-485.

［73］陈汉宝, 刘针. 基于 Markov 过程的港口作业能力分析［J］. 水运工程, 2007, 403（6）:14-20.

［74］连卫东, 刘针. 栾家口和蓬莱东港区波浪特性与掩护水域波况研究［J］. 水道港口, 2010, 31（1）:40-44.

［75］孙百顺, 孟祥玮, 戈龙仔, 等. 波浪作用下软土地基半圆型防波堤稳定性模型实验研究［J］. 地震工程与工程振动, 2018, 38（1）:97-107.